잘 살고 잘 웃고
좋은 죽음과 만나다

잘 살고 잘 웃고
좋은 죽음과 만나다

지혜롭게 죽음을 준비하는 철학적 깨달음

알폰스 데켄 지음 | 길태영 옮김

예감

차례

옮긴이의 글 / 8
추천의 글 / 11
프롤로그 / 15

제1장

내 삶과 죽음의 출발점
전쟁 중의 유년 시절

가족에게서 배운 것 ─────────────────── 23
스스로 생각하다
'생사'를 걸고서라도 해야 할 것
기도하는 어머니의 모습
언제나 12분의 1
네 살배기 여동생의 죽음

제2차 세계대전 속에서 ─────────────── 41
다가오는 죽음의 그림자
나치 엘리트 학교 진학 추천을 거절하다
스스로 선택한 '고독'
작은 순교자 루도비코 이바라키(Ludovicus Ibaraki)와의 만남
누나들의 저항 운동
'너의 적을 사랑하라'의 의미
세계는 복잡했다
프란시스코 하비에르(Francisco Xavier)가 인도해준 미래
부모님이 보낸 두 통의 편지

제2장

삶과 죽음을 둘러싼 다양한 만남
책으로부터, 선구자로부터

책과의 향기로운 만남 ——————————————— 67
『신약성서』는 신이 보낸 사랑의 편지
노발리스(Novalis) 시집의 아름다운 감동
문학에서의 죽음이라는 테마
막스 셸러(Max Scheler)의 가치윤리학
학생시절의 꿈이 현실로
'무엇을 말할까'가 아니라 '무엇을 했는가'

사람과의 멋진 만남 ——————————————— 86
가브리엘 마르셀(Gabriel Marcel)의 '문제'와 '신비'
퀴블러 로스(Kübler-Ross)의 『죽음의 순간』

열린 마음으로 자신과 만나다 ————————————— 95
여행자로서의 자기표현
말기 환자와 함께 한 3시간
최초의 저서 『제3의 인생』
보다 많은 '응원'을 보내자
암 체험을 통해 얻은 것

제3장

보다 편안한 죽음과 마주하기
생사학(生死學)이란?

나 자신답게 늙기 위하여 ——————————— 113
'죽음'을 회피하지 않고
중년기의 '8가지 위기'
풍요로운 노후를 보내기 위해
'제3의 인생'을 향한 6가지 과제
보람된 삶의 탐구

'죽음'이란 도대체 무엇일까 ——————————— 144
죽음준비교육
도전으로서의 암 선고
죽음의 의미, 삶의 의미
'죽음의 과정' 6단계
비탄 교육의 중요성
'비탄의 과정' 12단계
슬픈 것은 나 자신만이 아니다
'죽음'의 4가지 측면
호스피스 케어의 장점
호스피스 자원봉사자 육성

'죽음'은 끝이 아니다 ——————————— 176
자신의 죽음을 다하다
죽으면 어떻게 되는가?
철학자들의 고찰
종합적인 판단을 바탕으로
그리스도교의 입장에서

제4장

유머감각의 권장
죽음의 공포를 극복하는 방법

유머는 삶과 죽음의 묘약 ——————————— 191
유머요법의 효과
웃으면서는 화낼 수가 없다
'그럼에도 불구하고' 웃을 것
자기풍자의 이모저모
자신의 실패를 웃음으로 날리자

행복의 열쇠는 가까운 곳에 ——————————— 207
국경 너머로 시야를 넓히자
깊이 있는 일본 문화
언어의 다채로움을 재인식하다
조건 없는 사랑을 더!
사랑하기에 싸운다
모든 '만남'에 감사를

에필로그 ——————————————————— 225

새로운 출발을 향하여
'죽음준비교육'의 보급을 목표로 한 30년

옮긴이의 글

　이 책과 나의 만남은 2016년 가을에 이뤄졌다. 나에게는 대단한 행운이었다. 노인을 위한 죽음준비교육 교재를 쓰기 위해 나는 일본으로 건너갔다. 그야말로 '죽음'이 이어준 위대한 스승과의 만남을 강행한 것이다. 일본 죠치대학(上智大學)은 가톨릭 예수회 소속으로 성 소피아 성당과 함께 도쿄에 있다. 은퇴한 신부님이 머물고 있는 죠치대학의 사제관 1층 데스크에서 안내를 받아 접견실로 들어갔다. 그분을 기다리는 시간은 너무나 떨리고 설레었다. 이윽고 만나게 된 알폰스 데켄(Alfons Deeken) 신부는 몇 번의 수술과 암 투병 이후에도 굉장히 밝고 힘 있어 뵈는 모습이었다. 그는 멀리 한국에서 죽음을 연구하기 위해 건너온 나에게 따뜻한 미소를 보이며

두 손을 꼭 잡아주었다.

우리는 많은 이야기를 나누었고, 헤어짐의 시간이 다가왔다. 아쉬운 인사를 끝으로 돌아서 나오는 나를 그가 불러 세웠다. 그러고는 '잠시만 기다리라고. 꼭 주고 싶은 것이 있다.'며 사제관으로 올라갔다. 한참을 기다린 끝에 느린 걸음으로 나오는 신부님의 손에 들린 책 한 권이 눈에 들어왔다. 『잘 살고 잘 웃고 좋은 죽음과 만나다(生きよく笑いよき死と出會う)』, 그는 이 책의 번역을 당부하며 한국 사람들에게 '나답게 죽음을 맞이하는 좋은 삶'을 전했으면 좋겠다고 말했다. 이 책은 이렇듯 여행을 통해 받은 귀한 선물이다. 그와 함께 한 시간은 온몸에 전율과 감동이 전해지는 그런 만남이었다. 지금도 그때의 만남이 '죽음'을 연구하고 실천하는 나에게 큰 응원이 되어준다.

이 책은 제1장 〈내 삶과 죽음의 출발점 - 전쟁 중의 유년 시절〉, 제2장 〈삶과 죽음을 둘러싼 다양한 만남 - 책으로부터, 선구자로부터〉, 제3장 〈보다 편안한 죽음과 마주하기 - 생사학(生死學)이란?〉, 제4장 〈유머 감각의 권장 - 죽음의 공포를 극복하는 방법〉과 에필로그 〈새로운 출발을 위하여〉로 구성되어 있으며, 2014년 개정판은 일본에서 3만 5천 부 이상 판매되어 베스트셀러로 등극했다.

이 책에는 '죽음과 제대로 마주보기, 죽음을 마음으로 이해하기, 죽음에 대해 배움으로써 삶의 소중한 의미를 재발견하기, 죽음의 공포를 극복하기 위해 항상 감사한 마음으로 웃으면서 다른 사람을 위해 살기, 만남과 이별이라는 인생의 여정에서 남겨진 하루하루를 카이로스로 여기며 살기' 등 삶과 죽음을 분리될 수 없는 것으로 보고 모든 사람이 사람답게 죽음을 맞이하고, 그것이 당연한 것이라고 받아들이는 사회를 만들기 위한 그의 노력이 담겨있다.

그는 늘 도전과 응전으로 평범하지 않은 삶을 살았다. 그가 경험한 삶과 죽음, 소중한 만남을 통한 고찰, 제3의 인생, 소중한 시간의 의미가 이제 우리 모두에게 인생의 귀중한 지표가 되어줄 것이다. 이 책을 읽는 모든 독자들이 아름다운 삶과의 마무리를 위해 매 순간 잘 웃고 잘 살고, 좋은 죽음과 만날 수 있기를 바라며, 알폰스 데켄과의 만남과 벅찬 감동을 함께 하려고 한다.

2017년 10월 길태영

추천의 글

대전중노년교육문화센터장으로 수고하는 길태영 박사가 알폰스 데켄 박사의 『잘 살고 잘 웃고 좋은 죽음과 만나다』를 우리말로 번역하여 이를 발간한다. 반가운 소식이다.

나는 26년 전 우리나라에 '삶과 죽음을 생각하는 회'를 설립하여, 죽음준비교육을 해오고 있는데 알폰스 데켄 교수를 처음부터 나의 스승으로 모시고 있었다.

알폰스 데켄 박사는 일본에 귀화한 서독인 신부로 지난 40년간, 도쿄 죠치대학에서 인류학 강의를 하는 한편 일반 시민에게 생사학을 강의하는 교수이다. 알폰스 데켄 교수가 독일인으로서 어떻게 생사학의 전문인이 되었고, 왜 일본으로 귀화하여 일본인이 되었는지 모든 사람이 궁금해 한다.

그가 죽음 문제에 눈을 뜨게 된 것은, 뮌헨대학에서 공부할 때 병원에서 자원봉사자로 일하면서였다. 어느 날 밤 당직의사가 그에게 동독에서 망명해 온 어느 환자의 임종을 지켜봐달라고 부탁했다. 30대의 남성인 그 환자에게는 서독에 가족과 친구가 없었다. 처음 보는 그 환자 옆에서 그는 '무엇을 화제로 하면 좋을까?' 고민에 빠졌다. 그 남성이 죽기까지의 3시간은 그 후 그의 인생에 가장 긴 시간이 되었고, 그 만남이 이후 그의 인생에 결정적인 영향을 주어 생사학의 길을 가기로 결심하게 되었다고 한다.

그가 일본에 오게 된 이유는 매우 감동적이다. 알폰스 데켄은 어려서부터 책 읽기를 좋아했다. 12살 때 도서관에서 책을 읽다가 하루는 일본 나가사키에서 순교한 26인의 전기를 발견했다. 26인의 순교자 중 당시 그에게 커다란 감명을 준 것은 어린 소년 순교자의 언동이었다. 도요토미 히데요시의 기독교인 박해로 인해 당시 자기와 나이가 같은 12세 소년이 박해를 당한 이야기였다. 소년이 형장으로 끌려가는 도중 무사 한 사람이 어린 소년이 가여워서 구해 주고 싶어 했다.

"네가 이러한 고통을 당하는 것은 기독교를 믿기 때문이다. 만약 네가 그 신앙을 버린다면 용서가 될 것이다. 신앙을 버리면 너를 내 양자로 삼아주마."라고 했다.

그 말에 소년은 "당신들이 기독교인이 되어서 나와 함께 천국에 가면 좋으련만."이라고 대답했다.

이 소년은 자기의 양심에 따라 신앙을 버리지 않고 십자가형을 받으면서 찬송가를 불렀다고 한다. 알폰스 데켄은 이 소년의 순교사를 읽으면서 큰 감동을 받았다. 일본은 위대한 나라라고 생각했고 이러한 소년을 낳은 나라에 가고 싶다는 마음으로 일본행을 결정했다.

알폰스 데켄은 죠치대학에서 인간학 강의를 했고, 주말이면 죠치대학 강당에 시민들을 모아놓고 '죽음준비교육'을 강의했다. 그는 열심히 가르쳤다. 죽음을 이해하고 만인에게 어김없이 찾아 올 죽음을 잘 맞이할 준비를 하자고 가르쳤다. 죽음은 인생의 나그네 길이라고 한다. 여행길을 떠나기 전에 누구나 준비를 하듯 알폰스 데켄 신부는 '죽음의 준비는 곧 삶의 준비'라고 가르친다.

'Death Education is Life Education.' 인간은 태어나면서부터 죽음을 잉태하고 있다. 인간의 성장과 함께 죽음도 자란다. 인간의 죽음은 마지막 성장이다. 알폰스 데켄 박사는 왜 죽음의 준비가 필요한지 15가지 이유를 제시한다. 죽음 이해의 네 단계도 설명한다. 그는 많은 저서에서 죽음을 배우고, 죽음을 생각하고, 죽음을 가르치는 구체적인 방법을 제시하고 있다.

그는 팔십 평생 삶과 죽음에 대해 많은 것을 연구하고 가르쳤다.

그리고 마지막으로 『잘 웃고 잘 살고 좋은 죽음을 만나다』라는 책을 썼다. 이 마지막 저서에서 알폰스 데켄 박사는 자신의 생애를 피력했다. 제2차 세계대전 속에서 어린 시절을 보낸 그는 '네 원수를 사랑하라'는 의미를 그의 조부를 사살한 연합군을 용서함으로 배웠다. 그는 죽음은 끝이 아니라고 가르치며 철저한 그리스도인의 신앙고백을 했다.

이 귀한 책을 번역하여 우리에게 소개해주는 길태영 교수에게 진심으로 감사하다. 복잡한 세계 속에 사는 현대인들이 이 책을 통하여 삶과 죽음의 의미를 깨닫고 알폰스 데켄 박사의 깊은 인생의 통찰력을 접함으로써 새로운 삶의 가치에 눈이 뜨이기를 바란다.

삶과 죽음을 생각하는 회 설립자 김옥라

프롤로그

인생은 여행, 인간은 여행자

오늘 많은 분들이 내 마지막 강의에 참석해주셔서 진심으로 감사드립니다. 죠치대학 교수로서, 이것이 마지막 강의가 된다니 뭔가 굉장히 복잡한 기분이 듭니다. 저는 지금 30여 년 전 처음 강의를 했을 때의 긴장감을 떠올리고 있습니다. 학생이 기대하는 것과 제가 제공하는 수업 사이에는 커다란 차이가 존재하는 것이 아닐까 무척 걱정했었습니다. 그리고 오늘은 그 차이가 더더욱 크게 느껴집니다. 굉장히 긴장이 됩니다. 여전히 저는 아무것도 아니기에 말입니다(허허허).

제 첫 강의는 죠치대학 필수과목인 인간학으로, 테마는 '인간이란 무엇인가'였습니다. 그 후 지금에 이르기까지 매년 인간학을 가르쳐왔으니, 벌써 30년 이상 계속해서 '인간'에 대해 생각해왔다는 의미가 됩니다. 그러면서 떠오른 인간학에 대한 이미지 중 하나가 '여행하는 인간'이라는 콘셉트입니다. 인간은 저마다 인생이라는 여행길을 걸으며 보다 '인간의 완성'에 가까워지게 됩니다. 인간이란, 항상 진보하는 존재이며 영원이라는 커다란 목표를 향하는 순례자라고 해도 과언이 아닐 것입니다.

인간이 여행 도중에 다른 여행자와 만나는 것은 중요한 경험입니다. 저는 일본어의 '만남(出會い)'이라는 단어를 무척 좋아합니다. 그 이유는 '만남'에는 자신의 좁은 테두리에서 나와 마음을 열고 타인과 만난다는 의미가 있기 때문입니다. 인간은 만남에 의해 성장합니다. 만나는 상대가 위대한 인격자이면 인격자일수록 그 만남도 깊어지게 됩니다. 그리고 여행에는 만남 외에도 소중한 경험이 하나 더 있습니다. 바로 '전기' 다시 말해, 터닝 포인트입니다.

인생의 여행길이란 그저 단순히 다른 사람과 같은 길을 걸어가면 좋은 것이 아닙니다. 어떠한 포인트에서는 용기를 갖고 어떤 방향으로든 생애 전기를 선택해야 합니다. 무척 괴로운 선택을 강요받는 경우도 있습니다. 인간은 인생의 여행길에서 경험한 만남과 선택한 전기에 의해 형성되는 것입니다. 저는 저 자신의 여행길에서 그러한 점을 강하게 느꼈습니다. 또한 교육자로서도 수많은 사례를 통해 실감했습니다.

지금부터 제가 걸어온 인생의 여행길과 그 도중에 있었던 소중한 만남과 전기를 소개하며 저의 철학과 인생관 그리고 저의 평생의 과제인 생사학과 유머에 대해 이야기하고자 합니다.

2003년 1월 25일, 저는 이렇게 죠치대학에서 '마지막 강의'의 서두를 열었습니다. 지금 떠올리면 죠치대학에서 처음으로 교편을 잡았던 1970년대의 일본은 '죽음'을 터부시하던 시대였습니다. 일본에서 '죽음의 철학을 보급하자'는 의욕에 불탔던 저에게 그런 테마로는 학생들이 모여들지 않아서 다른 내용의 강의로 바꾸는 편이 좋겠다고, 친절하게 충고해주는 동료가 있었을 정도였습니다.

그로부터 30년 이상의 세월이 흘러 맞이하게 된 마지막 강의에는 대학에서 가장 넓은 10호관 강당이 가득 찰 정도로 많은 분들이 청강하러 와주셨습니다. 죠치대학 학생들뿐만 아니라 일본 전국에서 고교생과 사회인, 심지어 지긋하게 나이 드신 분들까지 달려와 주셨습니다. 강연장의 열기에 휩싸여 단상에 오른 제 마음은 다양한 분들과의 만남이 저를 지탱해준 덕분에 무사히 오늘을 맞이하게 되었다는 깊은 감개와 감사의 마음 그리고 제가 뿌린 씨앗이 드디어 결실을 맺었다는 만족감으로 가득 차올랐습니다.

이윽고 적당하게 긴장이 풀린 저는 제가 걸어온 인생의 여행길에 대해 말을 이어나갔습니다. 어렸을 때 겪은 여동생의 죽음이나 소년시대의 고독한 반(反)나치 활동의 날들, 전쟁 속에서 가족들이 겪은 깊은 상처, 일본의 작은 순교자와의 만남 등 제가 '죽음의 철학'에 뜻을 두는 계기가 된 몇 가지 사건에 대해서 말입니다.

이어서 '죽음이란 무엇인가, 삶이란 무엇인가'에 대해 고찰하며 많은 것을 가르쳐준 『성서』와 노발리스(Novalis), 막스 셸러(Max Scheler)의 책에 대해 그리고 가브리엘 마르셀(Gabriel Marcel), 퀴블러 로스(Kubler-Ross) 같은 제 인생의 스승이라 부를 수 있는 사람들과의 만남에 대해 이야기했습니다. 그리고 제가 직접 암 투병을 하며 배운 것들과 또 다른 테마 중 하나인 유머의 연구에 대한 이야기를 하던 도중 안타깝지만 시간이 부족하여 강의를 끝마치게 되었습니다.

마지막은 아키타 현에서 달려온 여동생의 기타 반주와 함께 저의 상징과도 같은 노래 'You are my sunshine'을 다 같이 합창하는 것을 끝으로 무사히 마지막 강의를 마쳤습니다. 하지만 그것만으로 끝나지 않았습니다. 많은 신문과 잡지에서 제 강의를 다뤄준 덕분에 기사를 읽은 분들이 많은 관심을 보여 주었습니다. 일본에 와서 멋진 만남들이 많이 있었습니다만, 죠치대학 교수로서 한 마지막 강의가 이렇게나 큰 반향을 일으킬 것이라고는 생각도 하지 못했습니다.

저는 개인적으로 약 90분 정도의 시간에 하고 싶은 말을 다 전할 수 없었기 때문에 좀 더 많은 것들을 전하고 싶다는 미련이 계속

남아 있었습니다. 그래서 마지막 강의에서 전하지 못했던 내용들을 더해, '나답게 죽음과 만나기 위해서는 어떻게 살면 되는가'에 대한 저의 30여 년간의 생사학 연구를 알기 쉽게 집대성하여 이렇게 서적으로 출판하게 되었습니다.

 지금 저는 제가 태어난 고향인 독일에서 새로운 연구에 몰두하고 있습니다. 언젠가 이 성과를 어떠한 형태로든 여러분들을 위해 활용하고 싶다고, 그렇게 간절히 기도합니다.

2003년 9월 독일에서 알폰스 데켄

제1장

내 삶과 죽음의 출발점
전쟁 중의 유년 시절

내가 철이 들기 시작할 때에는 한창 전쟁 중이었다. 평화로운 지금의 상황과는 너무나 상반되게 상상치 못할 정도로 주위에는 '죽음'과 위태로운 '삶'이 만연해 있었다. '모순으로 가득한 가족의 죽음, 목숨을 건 반나치 활동, 머나먼 땅 일본의 소년 순교자 이야기' 등 잊을 수 없는 일들이 가득했다. 어렸던 나도 '죽음'과 제대로 마주보기 위하여 어떻게 하면 되는가에 대해 자주 생각했다.

고교 시절 가족사진. 뒷줄 오른쪽에서 두 번째가 저자, 뒷줄 왼쪽에서 두 번째는 여동생인 아그네제 - 현 아키타시(秋田市), 세이레이여자단기대학(聖靈女子短期大學) 교수.

가족에게서 배운 것

스스로 생각하다

이 책을 시작으로 파란만장했던 나의 유년 시절을 이야기하고자 한다. 왜냐하면 어릴 때부터 소년 시절까지 조국인 독일에서의 경험이 훗날 내 인생과 '생사학, 유머'라는 평생의 과제와 깊은 관련이 있다고 확신하기 때문이다. 이때는 제2차 세계대전 중 나치 지배하의 혼란기였지만, 즐거웠던 경험과 괴로웠던 경험, 다양한 만남 속에서 나의 정신적 성숙이 더해지는 시기였다.

일본에서 생활한 지 44년이 지난 지금은 몸과 마음, 말투도 전부

다 일본인이 되어버렸지만, 내가 태어나서 자란 곳은 음악의 도시 브레멘 근처에 있는 북독일의 엠스텍(Emstek)이라는 이름의 인구 3천 명 정도의 작은 마을이었다. 평활한 지평선이 펼쳐진, 감자밭과 보리밭에 둘러싸인 초록이 풍성한 작은 마을에서 내 인생의 여정이 시작되었다.

 나는 1932년 8월 3일 8남매 중 누나, 형님의 뒤를 이어 셋째로 태어났다. 우리 형제는 경건한 가톨릭 신자인 부모님의 영향을 받아 유아세례를 받았다. 세례명은 알폰스(Alfons)였다. 데켄(Deeken)이라는 성은 네덜란드어로 '대학 부장'을 의미한다. 일반적으로 부장은 오랜 시간 노력을 계속한 끝에 달게 되는 직함이지만, 나는 운이 좋게도 태어나자마자 부장이 되었다. 비록 많은 시간이 흘러도 대학 학장 직함도 못 달고 계속 부장으로 살아야 하지만 말이다(허허허).

 내 인생 최초이자 최고의 만남은 역시 부모님과의 만남이었다. 이런 가정에서 자란 것이 얼마나 커다란 행운이었는지…. 그래서면 옛날을 회상해보면 볼수록 절감하게 된다. 아버지 알로이스 데켄(Alois Deeken)은 신기한 사람이었다. 중산 계급 실업가이면서도 당시 독일의 주류에 따르지 않고, 비밀리에 반나치 운동이라는 정치적인 활동을 했으며, 그와 동시에 항상 유머가 넘치는 가정을 만들었기 때문이다. 목숨을 걸고 중요한 일을 하던 아버지는 치열한

활동에도 불구하고, 삶의 균형을 잡듯이 가정에서는 밝고 웃음이 가득한 분위기를 만들어주셨다. 아버지는 어렸던 우리에게 "인간만이 유일하게 웃을 수 있는 생물이다."라는 말을 자주 해주셨다.

초등학교에 들어가기 전, 어느 날 나는 그 말이 정말인지 궁금해서 집에서 기르던 고양이 12마리를 일렬로 세우고 실험을 해봤다. 고양이 앞에서 웃긴 얼굴이나 행동을 온통 보여 주었다. 하지만 고양이는 '피식' 하고 웃는 일조차 없었다. 지루하다는 듯이 하품을 하고, 목덜미를 긁는 고양이도 있었다.

어렸던 나는 '아하! 정말 아빠가 말한 대로네.'라며 그 말을 이해하게 되었다. 어쩌면 전부 독일 고양이였으니까 일반적인 독일인처럼 고양이도 머리가 나빠서 실험의 목적을 이해하지 못했던 것일지도 모르겠다(허허허).

아버지는 부동산업과 농사일을 같이 하셨다. 우리 남매는 자주 옷소매를 걷어 올리고 밭일을 도왔다. 다 같이 땀을 흘리며 밭에서 감자를 캐거나 집에서 키우던 소와 돼지를 돌보던 일들이 당시 어렸던 나에게도 즐겁게 느껴지던 것을 지금도 기억한다. 아버지가 미래의 나를 위해 커다란 목초지를 매입했던 일이 있었다. 지금의 죠치대학 부지 전체보다도 더 넓은 땅이었다. 아버지의 바람은 사업은 장남이 이어받게 하고, 차남인 나는 법학을 공부해서 장래에 변호사의 길을 걷게 하는 것이었다.

때때로 아버지와 둘이서 그 땅을 보러 가서는 "어디쯤에 집을 지을까?" 하고 미래에 대한 이야기를 나누곤 했다. 아들의 집뿐만 아니라 아버지는 다음 세대를 위해 무언가를 남겨줘야 한다는 생각에 그 땅에 포플러, 전나무와 떡갈나무 묘목을 수백 그루나 심으셨다. 물론 나도 몇 달 동안 나무 심기를 도왔다. 나무가 크게 자라면 우리 남매나 친구들도 모두 어른이 되어 있을 거라는 기대도 있었다.

평일 밤이나 일요일 오후엔 아버지가 "같이 산책하러 가지 않겠니?"라며 우리에게 묻곤 하셨다. 알고 있듯이 독일인은 정말 산책을 좋아한다. 나는 아버지와 함께 공기 좋고 싱그러운 숲길을 걸으며 많은 이야기를 나누었다. 누나가 함께 할 때도 있었고, 남동생이 함께 할 때도 있었다. 세 명이 있을 땐 셋이서 다양한 주제를 꺼내 자신의 생각이나 가치관을 이야기하곤 했다. 아버지는 이야기를 들어주는 것에 능숙하셨다. 우리가 하는 이야기를 진지하게 들어주셨고, 우리의 대화 상대가 되어 주신 것이야말로 내게 있어서 무척 귀중한 시간이었다고 생각한다. 전쟁 중이라는 어두운 시대였음에도 불구하고, 오히려 그런 시대이기 때문에 무슨 일이든 가족이 다 함께 대화하자는 그런 분위기였다.

현대 일본 사회의 아버지들은 대부분 무척 바쁘게 살아간다. 아침부터 저녁까지 일만 하고 매우 지친 몸으로 밤늦게 집에 들어온다. 그렇기 때문에 자녀와 대화할 시간이 없다는 얘기를 자주 듣는

다. 하지만 우리 아버지도 본업 외에 반나치 운동까지 하고 계셨으니, 결코 여유가 있던 것은 아니었다. 그래도 우리 남매를 위해 많은 시간을 내어 주셨던 것이다. 아버지가 자녀의 이야기를 들어주는 것은 아이에게 있어서 스스로 말할 것을 많이 생각하게 하는 자극이 된다.

결국 아버지와의 산책이 내 일생의 직업인 '교육자'의 길을 걷게 한 가장 큰 영향이었다고 생각한다(아버지가 원하신 직업을 갖지 못한 것은 무척 죄송스러운 일이지만). 물론 교사에게 있어서 강의 내용도 무척 중요한 일이지만, 나는 그보다 학생들이 스스로 생각하게 만드는 자극을 주고 싶었다. 철학이란, 학문적인 내용을 주입시키는 것이 아니라 배우는 사람이 스스로 생각하게 하는 것이 중요하기 때문이다. 나의 이러한 자세는 분명 아버지를 통해 배운 것이다.

독일 패전 이후, 주변국에서 들어온 난민들이 내가 사는 마을에도 들어왔다. 시장은 공습 피해가 적은 집에서 난민을 받아주기를 요청했다. 우리 남매는 가족회의에서 알지도 못하는 사람에게 자신의 방을 빌려주는 것은 싫다고 솔직하게 말했다.

그러자 아버지는 "사람들이 힘들어 할 땐 따뜻한 손길을 내밀어 주어라. 굶주린 사람에겐 먹을 것을 나눠주고, 여행자에게는 흔쾌히 지붕을 내어줄 줄 알아야 한다."라고 말씀하시고, 우리들의 주장에 웃음 지으며 고개를 가로저으셨다.

'조건 없는 인간애' 이것이 바로 아버지 일생의 기독교적 가치관의 근본이었다. 우리는 교회 일을 돕거나, 의지할 친척도 없는 노인의 집을 방문하거나, 가족이 다 함께 봉사활동을 나갔을 때의 기분을 떠올리며 너그럽지 못한 스스로의 태도를 반성했다.

아버지는 "이걸 해라, 저걸 해라."라며 무조건 설교하는 자세가 아니라, 말보다는 행동으로 교육을 실천하는 분이셨다.

'생사'를 걸고서라도 해야 할 것

전쟁 중에 아버지는 독일 사람임에도 불구하고 반나치 운동에 헌신하셨다. 말 그대로 목숨을 걸어야 하는 위험천만한 일이었다. 아마 아무것도 모르는 사람이 이 얘길 들으면 그렇게나 유머가 넘치는 사람이 왜 그런 위험한 일을 하느냐며 놀랐을 것이다. 아버지의 반나치 활동은 어디까지나 신앙심에 따른 행위였다.

"같은 인간끼리 인종차별이라니 어리석은 얘기야."

이것이 아버지가 입버릇처럼 하신 말씀이었다. 잘못됐다고 생각한 것에 대해서는 주변에서 어떻게 받아들이든 단호하게 고개를 저을 수 있는 용기 있는 분이셨다. 확실히 나치의 이데올로기는 신의 가르침에 반하는 것들뿐이었다.

전쟁을 시작한 것,

생명을 존중하지 않고 특히 약자를 배제하려 한 것,

개인의 자유를 인정하지 않은 것 등.

당시 가톨릭 교회 안에서 신자들에게 덕망이 있는 신부님조차 조금이라도 반나치라고 의심되면 대부분 붙잡혀서 조용히 강제수용소로 보내졌다. 그 수는 독일 전체에서 2,600명을 넘는다는 말이 있었다. 또한 나치는 '안락사법'이라는 새로운 법을 만들었는데, 이 법이 시행되면 정부의 명령에 따라 신체장애인이나 정신장애인은 안락사를 당하게 된다. 나치에게 있어서 도움이 안 되는 인간은 모두 제거의 대상이었던 것이다.

요즘 시대엔 누가 듣더라도 화를 낼 것이다. 하지만 그 시대에는 공평함을 기준으로 삼아야 하는 언론마저도 나치의 통제하에 존재하는 등 정부의 정책에 비판할 수 있는 상황이 아니었다. 하지만 그런 시대에도 일요일 미사 시간에 이 희대의 악법에 대해 격렬하게 비판한 성직자가 있었다. 바로 나의 고향에서 그리 멀지 않은 거리의 뮌스터에 위치한 가톨릭 교구의 폰 갈렌(Von Galen) 신부이다. 그는 많은 교인들 앞에서 단호하게 이 법은 기독교 정신에 위배된다고 말했다. 당연하게도 나치 군부는 분노에 찬 반응을 보였다. 하지만 그의 이름에 '폰'이 붙은 것을 보면 알 수 있듯이, 그의 출신은 귀족 계급이었다. 따라서 그를 체포하게 된다면 단단한 결속을 자랑하는 귀족 계급 전부를 적으로 돌리게 된다고 생각한 히틀러는 이 사건을 불문에 붙였다.

아버지는 비밀리에 갈렌 신부의 귀중한 설교 내용을 손에 넣었다. 독일 내에서 지금 무슨 일이 일어나려고 하는지, 많은 사람들에게 이를 비판하는 문서를 접할 수 있게 해서 그들의 계획을 중단시킬 생각이었다. 그날부터 가족 모두가 참여한 극비 활동이 시작되었다. 당시 나는 초등학교 5학년 정도의 나이였다. 복사기 같은 편리한 기계가 없는 시대였기에 나는 매일매일 그 극비 문서를 아버지의 지휘 아래 몇 십 통씩 타이핑해야 했다. 어색한 손놀림으로 계속 자판을 두드렸다. 그렇게 내가 고생하며 친 문서는 이윽고 익명으로 러시아 전선에 있는 독일군 병사들을 향해 대량으로 배달되었다.

"우리 정부는 이런 지독한 짓을 벌이고 있다. 최전선에서 싸우고 있는 당신들도 꼭 이 사실을 알고 있었으면 한다."

이런 메시지가 갈렌 주교의 설교문과 함께 병사들에게 전해진 것이다. 이런 일련의 반나치 행위는 생각보다 훨씬 효과적이었다.

발송자 불명의 편지가 러시아에서 싸우고 있는 병사들에게 보내지고 있다는 상황을 나치 정부는 바로 감지했다. 병사들이 정부에 비판의식을 갖게 되어 전투 의욕을 상실하진 않을까? 그런 사태가 벌어지는 것을 두려워한 나치는 일시적으로 '안락사 프로젝트'를 중지하기로 했다. 그 결과를 듣고 우리 가족은 무척 기뻐했다. 하지만 한편으로는, 무척 위험한 일을 하고 있다는 점도 실감하게 되었다. 만약 누군가 밀고라도 한다면 아버지는 당장에 붙잡혀 가게 될 것이다. 언제라도 발생할 수 있는 그런 일들로 인해 불안과 공포가 이어지는 나날들이었다.

그때 당시에는 강제수용소라는 것을 알지 못했다. 다만 이웃이 사라진다는 것만은 알음알음 알려져 있었다. 어느 날 갑자기 많은 사람들이 체포당해서, 그들이 어디에 있는지도 모르는 상황이었다. 너무 무서워져서 견딜 수 없게 된 나는 어느 날 가족회의에서 이 얘기를 꺼냈다. 그러자 아버지는 우리 남매를 향해 상냥한 목소리로 이렇게 말씀하셨다.

"확실히 위험하지만, 이것은 신의 가르침과 인간의 생명에 관련된 일이다. 국가가 직접 나서서 약한 사람이나 무력한 사람을 골라 죽이는 일을 절대 인정해서는 안 된다. 그러니 우리는 생사를 걸고서라도 반드시 반대해야만 한단다."

이것은 내 생애에 무척 인상적인 말로 뇌리에 박히게 되었다. 이 세상에는 자신의 '생사'를 걸고서라도 해야만 하는 소중한 일이 있다. 이런 것은 학교에서 가르쳐 주지 않는다. 인간의 존엄, 특히 약자의 입장에 있는 사람이야말로 꼭 지켜줘야 한다는 것을 아버지를 통해 배웠다. 뒤에서 또 다루겠지만, 실제로 우리 가족의 생활은 위기의 연속이었다. 그럼에도 불구하고 이러한 사명을 끝까지 감당할 수 있었던 힘은 아버지의 그 말씀이 있었기 때문이다. 내가 타이핑을 도왔던 갈렌 주교의 설교는 현 독일 고교 교과서에도 실려 있다. 반나치 운동의 역사를 상징하는 문장으로 젊은이들에게 교육을 통해 계승되고 있다.

기도하는 어머니의 모습

어머니에 대해서도 이야기를 해보겠다. 나는 어머니 파울라 데켄(Paula Deeken)으로부터 두 가지 소중한 것을 배웠다. 첫째는 8남매를 키운 애정이다. 어머니는 고생을 무척 많이 하셨다. 아침부터 밤까지, 거기다 우리가 병이라도 걸려 침대에 눕게 되면 밤부터 또 아침까지, 정말 잘 시간도 없을 정도였다. 분명히 자신만의 시간 같은 건 하루에 30분도 갖지 못했을 것이라고 생각한다. 하지만 그런 고생을 전혀 내색하지 않고 언제나 상냥한 얼굴로 웃어 주는 어머니셨다.

어머니는 요리 솜씨가 좋았다. 드럼통을 둥글게 자른 것 같은 모양의 커다란 냄비에 감자와 고기, 허브 종류를 잔뜩 넣고 반나절 동안 삶은 스튜(Eintopf Gericht)는 우리 남매 모두가 무척 좋아하는 음식이었다. 내 방은 부엌 바로 옆에 있었는데 가을날 서늘한 저녁 무렵에는 맛있는 냄새가 방으로 새어 들어와 마음이 설렜던 기억이 있다. 먹다가 턱이 아플 정도로 딱딱한 고향의 흑빵과 무척 잘 어울리는 스튜였다. 저녁에는 항상 가족 모두가 모여 감사의 기도를 드린 뒤, 부드럽게 삶은 고기를 아버지가 잘라서 모두에게 나눠주셨다. 초겨울이나 눈보라가 치는 밤이라도 가족 모두가 식탁에 둘러앉아 큰 냄비 요리를 즐겼던 기억은 우리의 마음을 따뜻하게 만들고 힘이 나게 해주었다. 일본의 냄비 요리 또한 정감이 가득한 무척 맛있는 요리다. 나는 냄비에서 올라오는 하얀 수증기를 볼 때면 매번 그때 그 시절의 풍경이 떠오른다.

한편 어머니는 말이 많은 사람도, 우리를 엄격하게 교육하는 사람도 아니었다. 하지만 아침부터 저녁까지 우리들을 위해 열심히 일하시는 어머니가 있다는 것 자체가 우리에게 큰 영향을 미쳤다고 생각한다. 어머니는 우리 모두를 평등하게 사랑해주셨지만, 특히 내가 많은 사랑을 받고 있다고 느꼈다. 하지만 다른 형제들에게 물어보자 모두가 다 자신이 가장 사랑을 많이 받았다고 느끼고 있었다. '어머니의 사랑이란 그런 것이구나!' 하고 깊이 깨달았다.

또 하나 어머니에게서 배운 것은 기도의 소중함이다. 우리가 살던 엠스텍이라는 마을은 전쟁 중 연합군 비행기가 베를린을 폭격하러 갈 때 지나가는 곳에 위치해 있었다. 영국이나 미국의 폭격기 편대가 빠르게 마을 상공을 횡단하고, 1주일에 3번은 잠자리에 들 무렵 공습경보 사이렌이 요란스럽게 울렸다. 우리 가족도 그런 날은 항상 허둥지둥 방공호로 대피했다. 어머니는 모두가 무사히 대피한 것을 확인한 후에 로사리오(Rosario)를 꺼내 기도를 하셨다. 경건하게 기도하는 어머니의 모습은 무척 감동적이었다. 머리 위에서 폭음이 이어지는 동안 우리는 한데 모여 기도를 했다. 그리고 다시 정적이 찾아오면 이번에는 안도와 함께 졸음이 몰려든다. 아직 어린 나와 내 밑의 형제들은 금방 잠들어 버렸다. 그리고 1시간 정도 지나 눈을 뜨면 어머니는 의연한 얼굴로 손에 로사리오를 들고 계속 기도를 하고 계셨다. 나는 그런 어머니의 모습을 보고 졸음이 다 달아날 정도로 감동을 느꼈다.

일본에는 '급할 때 하느님 찾기'라는 속담이 있다. 하지만 기독교 기도의 특징은 일본 속담의 의미와는 다르게 무언가를 원해서 하는 것이 아니라 우선 감사의 기도가 먼저 온다는 점이다. 가족 모두가 건강하다는 것이라든가, 오늘 하루도 무사하게 보낸 것이라든가, 세끼 식사가 가능하다는 것 등 이런 사소한 것들에 감사해하며 기도한다. 두 번째 기도는 찬미의 기도다. 근사한 이 우주와 아름다운 자연을 창조하신 신을 찬미하는 것이다. 세 번째 기도는 소망의 기도다. 가족의 건강이나 안전을 부탁하는 기도로, 일본의 기도 대부분은 이 소망의 기도인 것으로 생각된다.

　기도의 진정한 의미, 감사하는 것의 소중함을 나는 어머니를 통해 배웠다. 자신의 존재와 건강이 당연하다고 생각하는 것이 아니라 감사할 일이라고 생각하는 것이다. 그것을 신께 감사하게 됨으로써 자신의 부모에게도 보다 솔직하게 감사할 수 있게 되는 것이 아닐까 싶다. '감사의 기도를 드림으로써 우리 집이 항상 따뜻하고 밝은 분위기로 가득할 수 있었던 것이 아닐까' 나는 그렇게 생각하고 있다. 어머니는 노년에도 일상을 바쁘게 보내셨다. 근처에 살고 있는 자식들 네 명의 집을 순서대로 돌아가며 총 18명의 손자 손녀를 보살피는 것을 삶의 보람으로 삼으셨다. 죽을 때까지 어머니이자 할머니로서의 역할을 다한 분이셨다.

언제나 12분의 1

　부모님뿐만 아니라 7명의 형제·자매들을 통해서도 많은 것들을 배웠다. 다 같이 한데 모여 놀거나 밥을 먹을 때의 떠들썩한 분위기나 즐거움뿐만 아니라 서로 동지라는 의식의 교육적 영향이 컸다고 생각한다. 일요일이 되면 어머니는 무척 맛있는 케이크를 만들어 주셨다. 하지만 그 케이크를 배부르게 먹을 수는 없었다. 아이들 8명과 부모님, 할아버지, 하녀의 몫까지 12인분으로 나눠야 했기 때문이다. 둥근 케이크를 12등분으로 나누면 그 조각은 꽤 뾰족한 이등변 삼각형이 된다. 어린 시절부터 무엇이든 나 혼자만의 것이 아니라 12인분으로 나눈다는 것을 체험하며 자랐다.

현대 일본은 핵가족화가 진행되면서 한 자녀만을 두는 경우가 많아졌다. 한 자녀는 언제나 가족의 중심이 될 수 있다. 케이크를 먹을 때도, 경우에 따라서는 아버지가 출장을 나가 자리를 비운다거나, 귀가가 늦어진다거나, 혹은 술을 좋아하고 단 음식을 싫어하는 유형이라면 거의 아이가 독점할 수 있게 된다. 뾰족한 이등변 삼각형이 아니라 둥근 케이크를 통째로 먹을 수 있게 된다. 하지만 학교를 다니기 시작하면서 같은 반 아이들과 협력하며 생활해야 한다. 이전까지와는 전혀 다른 환경을 접하게 되는 것이다. 이를테면 협조하거나 협력하는 훈련을 완전한 타인과 시작해야 하는 것이다. 본인의 의지와는 상관없이 아이에게 있어서 꽤나 힘든 일이다. 나도 교사로서 동감하고 있다. 나는 그런 협조나 협력하는 방법을 무척 어릴 때부터 자연스럽게 익힐 수 있었다. 이것은 무척 커다란 은혜라고 생각한다.

현재 첫째 누나는 인도네시아 서티모르(Timor barat)에서 가톨릭 수녀로 일하고 있다. 그녀는 국적도 독일에서 인도네시아로 바꿨다. 인도네시아 사람으로 서티모르 섬에 뼈를 묻을 각오다. 둘째

형님은 독일에 있는 본가에서 가족과 함께 살고 있다. 든든하게 고향을 지켜주고 있다. 셋째는 물론 나다. 일본에서 말 그대로 제3의 인생을 막 시작하고 있다.

아래로 누이가 넷, 아우가 하나 있었다. 누이 중 한 명은 가톨릭 수녀가 되어 지금은 아키타시(秋田市)의 세이레이여자단기대학(聖靈女子短期大學)에서 교수를 하고 있다. 그녀는 가족 대표로 죠치대학까지 와서 내 마지막 강의에 참석해 주었다. 하지만 여동생 중 한 명은 네 살이 되던 해 어린 나이로 사망했다. 내가 여덟 살이던 때였다. 남은 형제·자매 7명 중 4명은 독일에서 결혼했고, 그들의 자녀는 전부 합쳐서 18명이 있다. 내가 태어난 마을은 그다지 크지 않은 곳이지만, 최근의 신문 보도에 의하면 지금 독일 전국에서 가장 아이가 많은 마을로 유명해졌다. 내 형제·자매들도 이를 위해 꽤나 힘을 써준 것 같다(허허허).

네 살배기 여동생의 죽음

내 인생에서 처음으로 가장 깊은 상처를 남긴 경험은 여동생이 죽음에 이를 때까지의 간호와 그 과정에서 겪은 일들이다. 여동생 파우라는 고작 네 살밖에 안 되는 나이에 백혈병에 걸려 의사에게 남은 삶이 그리 길지 않을 거라는 선고를 받았다. 그 후 우리 가족은 동생을 위해 무엇을 할 수 있을지에 대해 여러 차례 논의했다. 항상 12인분으로 나눠 먹던 케이크도 이제는 접시에 1인분이 남는다. 무척 슬픈 현실이었다.

　어느 날 부모님께서는 "병원에서 죽음을 맞이하게 하지 말고, 태어나고 자란 집으로 데려와 다 같이 마지막까지 간호하자."라고 조용히 말씀하셨다. 바로 최근 대두되는 재가 임종기 케어다. 여동생이 걸린 병은 극심한 통증을 수반하는 것도 아니고, 다른 사람에게 감염되는 것도 아니었다. 조용하게 진행되는 병인지라 이 제안은 받아들일 수 있었다. 이때의 간호 체험이 내가 '생과 사'라는 거창한 테마에 관심을 갖게 되는 하나의 계기가 된 것만은 확실하다.

　여동생은 아직 네 살, 생애에서 가장 귀여운 시기다. 그런 아이가 우리 눈앞에서 죽게 되는 것이다. 여동생에게는 시간이 얼마 남지 않았다. 우리 가족은 그녀의 얼마 남지 않은 시간을 가능한 한 즐겁고 따뜻한 정이 넘치는 시간으로 채워주고 싶다고 생각했다. 누군가 한 명은 항상 그녀의 곁에 있도록 하자고 아버지가 말씀하셨다. 밤낮을 가리지 않고 반드시 한 명은 그녀의 곁을 지켜주었고, 그로 인해 여동생도 가족의 애정을 확인할 수 있었으리라 생각한다.

　신기하게도 그때의 나에게 있어서 죽음이란 그렇게 두려운 일이 아니었다. 어리기도 했지만 부모님이 죽음 준비에 대해 친절하게 설명해 주었기 때문이다. 여동생의 병은 의사도 치료할 수 없는 병이라는 것 ― 인간은 언젠가 모두 죽어서 신의 곁으로 돌아간다는 것 ― 그런 것들을 어렴풋하게나마 알게 된 것이다. 우리들은 미지의 영역인 죽음을 괴롭더라도 어쩔 수 없는 현실이라고 받아들이게 되었다.

우리는 여동생과 함께 자주 기도를 드렸다. 어머니는 항상 누이의 옆에 앉아 로사리오를 들고 기도를 하고 계셨다. 그저 죽음을 기다리기만 하는 것이 아니라 주어진 생명을 마지막까지 소중하게 여기며 사는 것, 이것 또한 그때의 경험을 통해 배운 것이다. 여동생은 고작 네 살밖에 되지 않아서 어른처럼 생각할 수는 없었지만, 아이 나름대로 마음의 준비를 할 수 있었던 것이다.

이윽고 다가온 마지막 순간, 여동생은 조용히 우리들과 작별인사를 나누었다.

"아빠, 잘 있어."
"엄마, 잘 있어."
"마리아, 잘 지내."
"알폰스, 안녕."
…….

그리고 동생은 가톨릭 신앙에 따라, "천국에서 다시 만나." 작지만 또렷한 목소리로 그렇게 말하고는 잠시 후 조용히 눈을 감았다.

'죽음'이라는 드라마의 훌륭한 주인공이었다. 또한 어린아이이면서도 확신을 갖고, 적극적으로 죽음을 맞이했다. 나는 그때 여덟 살이었지만, 사람이 영원을 대하는 희망의 근원이 신앙이라는 것을 깊이 생각하게 해주었다. 여동생의 죽음을 통해, '나는 부활이요 생명이니 나를 믿는 자는 죽어도 살겠고(요한복음 11장 25절)'라는 성경의 가르침을 실감한 것이다. 내게 있어서 여동생의 간호와 죽음은 슬픈 경험이었지만, 한편으로는 남은 가족들 간의 유대가 더욱 강해졌다고 느꼈다. 그리고 우리 가족 모두는 언젠가는 천국에서 부활한 사랑하는 동생과 재회하게 될 것이라고 깊이 확신하고 있다.

아버지와 어머니가 아직 어린 우리 남매에게 여동생의 병에 대해 자세하게 설명해 주시고, 함께 의논해준 덕분에 사람답게 죽는 방법이 무엇인지 배울 수 있었다고 생각한다. 훗날 내가 평생의 과제로서 생사학 연구를 선택하게 된 것은 이후에도 계속되는 다양한 체험에 의한 것이지만, 분명 그 시작은 네 살 된 여동생의 죽음이었다고 생각한다.

제2차 세계대전 속에서

다가오는 죽음의 그림자

어느 먼 곳의 이야기처럼 생각했던 전쟁이 현실이었고, 위기가 가까워진 것도 거의 비슷한 시기였다. 연합군 비행기가 우리 마을 위를 날아다니는 것으로 보아 전쟁 상황이 불리해진 것은 누가 봐도 알 수 있는 상태였다. 반나치 활동을 이어나가던 우리 가족에게 있어서 나치 정부의 패망은 원하는 일이었지만, 그와 함께 다가오는 죽음의 불안 사이에서 어떻게 균형을 잡아야 할지 그때의 나에게는 어려운 이야기였다.

공습으로부터 목숨을 지키기 위해 방공호로 대피하는 날들이 계속되던 시기였다. 마침내 근처에 살던 친구 집이 소이탄(燒夷彈, 항공기 및 지상화기에서 연소성 목표물을 점화하기 위한 탄약)의 직격을 받는 일이 일어났다. 적기가 떠나가고 방공호에서 달려나온 내 눈에 불길에 휩싸인 친구의 집이 들어왔다. 공습경보가 울렸지만 친구네 가족들은 누구 하나 방공호로 대피한 사람이 없었다. 연일 이어진 공습으로 지쳤던 것이다. 이윽고 전부 불타버리고 불길이 사그라진 후 그곳으로 발걸음을 옮긴 내 눈에 들어온 참혹한 현실을 받아들일 수가 없었다. 친구도, 10명이나 되던 형제들도, 친구의 부모님도 모두 까맣게 타버린 시체로 널브러져 있었다. 바로 어제까지만 해도 그 집에서 함께 놀았던 친구와 가족들이었다. 나는 인생과 우정, 사랑, 죽음이 갖는 의미를 그 순간 이해할 수 없게 되었다(그때까지는 잘 알고 있다고 생각했었다). '왜'라는 생각만 계속 떠오르고, 당장이라도 가슴이 터질 것만 같았다.

또 다른 날의 일이다. 기차를 타고 하교하던 중 연합군 전투기 한 대가 갑자기 하늘에 나타나 우리를 향해 날아오는 것을 보았다. 기차는 '끼이익' 하고 날카로운 소리를 내며 급정지했고, 승객들은 모두 차량 밖으로 뛰쳐나와 기차 뒤로 몸을 숨겼다. 기총의 탄환이 유리창을 소란스럽게 깨뜨렸다. 지나가는 전투기를 향해 고개를 돌린 내 눈에 다시 선회해서 날아오는 모습이 들어왔다. 나는 가까운 숲을 향해 달렸다. 하지만 반도 가지 못했을 때 전투기보다 먼저 숲으로 들어가는 것은 무리라는 것을 깨달았고 나는 땅바닥으로 몸을 날렸다. 기총을 쏘는 소리가 가까이 다가왔다. 탄환이 내 오른쪽 귀를 스쳐지나가는 것이 느껴졌다. 그리고 또 한 발은 정말 심장에서 몇 센티미터 떨어지지 않은 옆구리 쪽 땅을 꿰뚫었다. 다시 선회해서 세 번째 공격을 시작하기까지 정말 짧은 시간 동안 나는 필사적으로 도망쳤다. 달리고 또 달렸다. 마치 사냥꾼에게 몰이당하는 토끼처럼, 젖 먹던 힘까지 쥐어짜내 간신히 숲에 도달한 순간, 나는 진이 빠져 그대로 쓰러져버렸다.

자신에게 다가온 '죽음'을 앞에 두고 나는 간절하게 '삶'을 갈망한 것이다. 위험이 지나가고 땅에서 몸을 일으킨 순간 나는 지금까지 느껴보지도 못했던 살아있다는 것에 대한 강한 기쁨을 느꼈다. 숲의 푸름, 새들의 지저귐, 멀리 보이는 교회의 첨탑, 그 모든 것이 마치 처음 접하는 것처럼 생생한 감동으로 다가왔다. 그때 구사일생으로 살아남은 것이 바로 '나 자신의 죽음'과의 첫 만남이었다. 그리고 죽음의 기로에 서 있었다는 사실보다, 깊은 '삶'의 만족감을 맛보며, '살아있다는 것'이 갖는 의미를 다시금 강하게 생각하게 된 것이다. 그렇다고는 해도 제2차 세계대전 속에서 죽음은 항상 우리의 곁에 어두운 기운을 드리우고 있었다. 나의 즐거워야 할 소년 시절은 이렇듯 잿빛 세상이었다.

나치 엘리트 학교 진학 추천을 거절하다

나는 언제나 '삶과 죽음'의 의미에 대해 생각하고 있었다. 아니, 생각할 수밖에 없었다고 해야 할까… 아무리 하늘이 맑게 갠 날이라고 하더라도 내 마음 속에는 항상 비구름이 드리워 있는, 그런 기분의 날들이 계속되었다.

그러던 어느 날, 학교에 등교하자 교장 선생님의 호출이 있었다. 교장실 문을 노크하니 마치 기다리고 있었다는 듯이 바로 문이 열리고 활짝 웃는 얼굴로 교장 선생님이 맞이해주셨다. 왜 불렀는지 궁금해 하는 나에게 교장 선생님이 말씀하셨다.

"자네의 성적이 우수해 나치 지도자 육성 학교에 추천했다네."
교장 선생님은 얼굴 가득 미소를 짓고 계셨다.

아이에게 선물을 줄 때의 어른처럼 내가 환호성을 지르며 기뻐하기를 기대하는 것 같았다.

당시 독일의 모든 초등학교(시민학교, Volkshochschule)에서는 매년 한 명을 뽑아 경제, 정치 등 앞으로 독일의 미래를 짊어질 리더를 양성하는 학교에 보내는 제도가 있었다. 내가 이것에 뽑힌 것이다. 확실히 보다 수준 높은 교육을 받을 수 있다는 점에서는 매력적인 제안이었다. 보통은 명예롭게 생각할 영광스러운 일이다. 하지만 나는 바로 대답할 말을 찾지 못했다. 어쩌면 약간 얼굴이 파랗게 질렸을지도 모르겠다. 필사적으로 두뇌를 회전시키고 있었다. 내가 나치 엘리트 양성 학교에 가게 된다는 것은 나치가 통치하는 독일을 긍정하고 지지하는 입장이 된다는 의미였기 때문이다. 초등학생이긴 했어도 나치의 독재 체제에 공감할 수가 없었다.

만약 나의 학구열이 양심을 이겨 양성 학교에 진학했다고 하더라도 이것 자체가 직접적인 죄로 연결되는 것은 아니었다. 하지만 간접적으로는 나치의 체제를 지지하는 것을 의미한다. 나의 아버지가, 가족들이, 목숨을 걸고 반나치 운동을 벌이고 있는데 내가 나치 체제에 편승해 엘리트 양성 학교에 간다니 말도 안 되는 이야기였다. 아버지와 어머니, 누나의 진지한 마음을 나 또한 공유하고 있었다. 짧은 시간이었지만 깊은 고민 끝에 결론을 내렸다. 나는 교장 선생님의 제안을 거절했다.

처음에는 내가 무슨 말을 한 건지 받아들일 수 없었던 것 같다. 교장 선생님은 새총에 맞은 것 같은 얼굴을 하고 있었다. 이윽고 내가 멍청해서 이 제안의 가치를 이해하지 못했다고 생각한 듯했다. 하지만 무슨 말을 해도 내가 결정을 바꿀 일이 없다는 것을 깨달은 후에는 점점 안색이 굳어지더니 마지막에는 분노가 폭발했다.

'너는 선택된 인간이다. 어렵게 선발되었는데 왜 거절하는 거냐?'라는 표정이었다.

심하게 화를 내며 내가 잘못했다는 듯이 비난했다. 하지만 나는 교장 선생님이 아무리 혼내고 캐물어도 왜 안 가느냐는 말에 답변을 할 수가 없었다. 만약 사실대로 이야기한다면 분명 아버지는 강제수용소로 끌려가게 될 것이다. 입이 찢기더라도 사실을 말할 수가 없었다. 그래서 난 앵무새처럼, "저는 안 갈 거예요."라고만 대답했다. 가고 싶지 않으니까 가지 않겠다는 단순한 주장이었다. 자신의 기대를 배신하고 심지어 이유도 제대로 말하지 않으니 교장 선생님의 얼굴이 굳어지는 것도 무리는 아니었다.

지금 생각하면 이때가 내 인생의 첫 전환기였다. 서문에서도 언급했지만, 여행자인 인간은 어느 장소에 도착하면 용기를 갖고 오른쪽 또는 왼쪽을 향해 삶의 방향을 선택해야 한다. 괴로운 선택을 해야 할 때도 있다. 그렇지만 판단을 멈추고 그 장소에 머물 수는 없다. 나는 그때 사회적으로 앞날이 유망한 레일에 올라타지 않고, 나 자신의 양심을 따라 길을 선택하는 결단을 내렸다. 그야말로 내 인생의 커다란 터닝 포인트였다. 스스로 원한 것은 아니었지만, 어린 시절에 마침표를 찍고 나 자신의 의지로 중대한 결정을 내리게 된 순간 어른이 되었을지도 모르겠다. 너무 이른 나이에 어른이 되어버렸지만….

스스로 선택한 '고독'

하지만 이 결단이 내가 학교생활을 하는 데 있어서 많은 맘고생을 겪는 계기가 되었다. '반체제'적인 행위라는 소문이 널리 퍼졌다. 동급생들도 내게, "왜 지도자 양성 학교로 가지 않은 거야?"라고 따졌고, 이상한 놈이라며 바보 취급을 했다. 동급생으로선 선택받은 나를 향한 시기도 포함되어 있었을지 모르겠다. 공공연하게 괴롭힘도 당했다. 하지만 괴롭힘을 당하더라도 나는 스스로를 변론할 수는 없었다. 그 누구에게도 나치의 엘리트 학교에 가지 않은 이유를 설명할 수 없었기 때문이다. 이 사건을 계기로 나는 '고독'하게 되었다.

아침 조회시간, 교장님의 마지막 말씀은 항상 '하이 히틀러!'였다. 그런 분위기 속에서 나 혼자만 시대에 역행하는 것은 아무리 마음속에 확신과 긍지를 갖고 있더라도 당시 내 나이로는 굉장히 감당하기 힘든 일이었다. 그렇지 않아도 어두운 시대에 학교생활까지 괴롭게 되었다. 친구 관계는 엉망진창이 되었고, 고민을 털어놓을 수도 없었다. 누군가에게 털어놓을 수 있는 내용이 아니라는 것을 누구나 이해할 것이다.

전후 재판에서 "아우슈비츠(Auschwitz)에서 많은 사람을 죽일 작정은 없었다. 단지 명령받았기 때문이다."라고 자기변호를 하는 사람들이 많았다. 하지만 그런 변명은 책임 있는 어른이라면 할 말이 아니었다. 명령받았으니까, 모두가 하고 있으니까, 법이니까… 그런 이유만으로 자신의 행동을 결정하면 안 된다.

"자신의 머리로 생각하고, 자신의 양심에 따라 살거라."

이것이 아버지의 가르침이었다. 독일의 비극은 너무나도 많은 사람들이 자신의 양심에 따라 스스로 판단하지 않고, 단지 나치 정부의 명령에 따르기만 했다는 점이다.

그건 그렇고, 사방이 막힌 상태에서 나의 몇 안 되는 즐거움 중 하나는 바로 외무성에 의해 금지된 BBC 라디오를 밤에 몰래 가족과 함께 듣는 것이었다. 이것은 독일을 제외한 입장에서는 전쟁이나 나치가 저지른 일들을 알 수 있다는 점에서 무척 유익한 시간이었다. 또한 고모는 가톨릭의 수도회로 들어가 스무 살에 미국으로 건너갔다. 그녀는 미시시피에 있는 학교에서 흑인 아이들을 가르치거나 시카고에 사는 노인의 집에서 영양사로 일하고 있었다. 고모는 전쟁 중에도 계속 미국에서 지내고 있었기 때문에 적십자를 통해 편지와 함께 미국 잡지를 보내주곤 했다. 그래서 나치 정부의 '미국 사람들은 악인이다.'라는 무척 진지한 연설을 들은 우리 가족은 폭소를 터트렸다.

"그럴 리가 없잖아. 지금은 고모도 미국인이나 마찬가지고 무척 좋은 사람이야."라고.

당시에 실제로 고모와 만난 적은 없었지만 편지를 주고받으면서 많은 영향을 받았었다. 전 세계가 전쟁의 화염에 휩싸인 가운데에서도 국제적인 교육을 받은 것이나 마찬가지였다.

훗날 내가 공부하게 된 키에르케고르(Kierkegaard)의 실존철학에선 '유럽의 이른바 인텔리 계층이라는 사람들의 큰 문제는 자기 자신을 드라마의 주인공이 아니라 관객으로 생각한다는 점이다.'라고 말하고 있다. 키에르케고르에 따르면, '인생이란 드라마의 주인공은 당연히 자신이어야 한다. 즉, 방관자의 태도를 취하는 것은 잘못이며, 선택은 모두 자기가 책임져야 한다. 인텔리의 공통된 위험성은 많은 사상과 철학을 공부하더라도 지식으로만 알고 있는 수준에 머물 뿐이고, 자기가 직접 선택하지 않는 것이다.'라고 역설하고 있다. 그는 '확실히 선택하지 않는다.'는 것도 선택 중의 하나지만, 결과적으로 대부분의 경우에는 '최악의 선택이었다.'며 후회하게 된다고 말하고 있다. 성장한 나는 이 말에 무릎을 치며 고개를 끄덕였다. 초등학교 시절의 괴로웠던 선택이 내게 있어서는 무척 중요한 것이었음을 다시금 인식하게 되었다.

전쟁 말기, 무서운 일이 벌어졌다. 독일군이 아이들에게 무기를 쥐어주고 전차를 향해 돌격하게 한 것이다. 그리고 그 소년병들은 대부분 전차에 달린 기관총에 사살 당했다…. 만약 내가 교장 선생님의 제안을 받아들여 나치 엘리트 양성 학교로 진학하는 길을 선택했다면 나 또한 무기를 들고 전차에 돌격하는 소년병 중 한 명이 되었을지도 모른다. 만약 그때 내 양심에 따라 움직이지 않았다면 이 책을 통해 여러분과 만나지 못했을 것이다.

작은 순교자 루도비코 이바라키(Ludovicus Ibaraki)와의 만남

학교에서 외톨이가 된 나는 소외감과 고독감으로 무척 고뇌했다. 하지만 이 말은 좋든 싫든 자신의 내면과 마주해야 한다는 의미이기도 하다. 깊은 '고독'에 빠졌을 때 사람은 자신의 진정한 모습을 발견하게 된다. '고독'이란 미래의 모든 가능성에 마음을 열기 위한 귀중한 '은총의 시간'일지도 모른다. 나는 고독 덕분에 창작에 대한 풍부한 영감을 얻었고, 노트에 시나 소설을 쓰기 시작했다.

그리고 신앙의 에너지를 보다 깊게 느끼게 되었으며, 『신약성서』를 여러 번 반복해서 읽게 되었다. 전화위복은 아니지만 고독해진 덕분에 교회의 부속 도서관에 머물며 종교 서적을 읽는 날들이 계속되었다. 원래부터 책을 좋아했던 나는 이윽고 도서관 직원의 일을 돕게 되었다. 그곳에서 나를 일본으로 이끌리게 한 근사한 만남이 시작되었다. 도서관에는 일본에 관한 서적들도 많이 소장되어 있었다. 일본 문학, 역사, 문화 등 나는 흥미진진한 얼굴로 페이지를 넘겼다.

어느 날 나가사키의 성인 순교자 26인의 기사를 발견했다. 왠지 모르게 친숙한 느낌을 받은 나는 그 기사를 탐독했다. 26명 중에서도 유난히 감명 깊었던 인물이 바로 루도비코 이바라키였다. 도요토미 히데요시의 그리스도교 박해로 나와 같은 12세의 나이에 순교한 인물이다. 루도비코가 형장으로 향하던 도중 무사 한 명이 아직 어린 소년에게 동정심을 느껴 이렇게 말을 던졌다.

"네가 벌을 받게 된 이유는 그리스도교를 믿기 때문이다. 그러니 신앙을 버리면 용서받을 수 있게 해주겠다. 그리고 내가 양자로 받아주마."

그러자 루도비코는 고개를 저으며 이렇게 대답했다.

"당신이 그리스도교 신자가 되어 저와 함께 천국에 간다면 좋겠네요."

이 얼마나 맑은 성품의 소유자인가.

목숨을 건질 동아줄이 내려왔는데 자신의 양심에 따라 신앙을 버리지 않고 순교한 것이다. 심지어 십자가에 못 박혀 극한의 괴로움을 겪으면서도 성가를 불렀다고 한다. 12살의 소년이 고통 속에서도 마음의 지복(至福, 더없는 행복)을 잃지 않고 신을 찬미했다는 사실이 나는 정말로 놀라웠다. 그리고 '죽음'을 두려워하지 않는 신앙의 힘이란 정말 굉장하다는 것을 느끼며 감격했다. 나는 마음속 깊이 일본인은 훌륭한 민족이라고 느꼈다. 루도비코 이바라키 전기는 내가 나치 엘리트 학교 진학을 거절한 일의 커다란 정신적 버팀목이 되어주었다. 나가사키에서 순교한 12살 소년은 350년 후 독일에서 고독에 괴로워하던 소년 알폰스의 마음을 전율하게 만들고 격려를 보내준 것이다. 정말 신기하고 근사한 만남이다.

지금도 자주 듣는 질문이 있다.

"데켄 씨는 왜 일본에 온 것입니까? 일본에 흥미를 갖게 된 계기는 무엇입니까?"

그 이유는 바로 루도비코 이바라키의 용기와 신앙의 깊이 덕분이었다. '이렇게 훌륭한 소년이 태어난 나라는 얼마나 근사한 나라일까?' 하는 호기심이 어린 소년의 마음에 일본에 대해 강한 동경을 갖게 한 것이다. 그 이후로 나는 언젠가 반드시 일본에 가보겠다고 결심하게 되었다.

누나들의 저항 운동

시간이 지남에 따라 점차 독일의 패색이 짙어지고 전쟁의 기운이 내 고향 코앞까지 다가왔다. 드디어 나치 군대가 우리 마을에도 나타났고, 마을 밖 큰길가에 연합군의 전차를 막기 위한 바리게이트를 설치했다. 만약 연합군이 다가와 바리게이트를 넘기 위한 전투가 벌어지면 많은 독일군과 연합군 병사들이 죽게 될 것이다. 아마 우리 마을도 엉망진창으로 파괴되고, 이곳 주민들 중에서도 적지 않은 희생자가 생겨날 것이다. 우리 가족과 뜻을 같이 하는 사람들은 어떻게든 전투를 피할 방법은 없을까 머리를 맞대고 고민했다. 그때 추진력 넘치는 누나(당시 17살)가 동급생을 모아 야밤을 틈타 바리게이트를 부숴버렸다. 연합군이 막힘없이 진격하게 만들어 쓸모없는 충돌을 막는 것이 최대의 목적이었다.

나는 그때 힘없는 초등학생이었기 때문에 참가할 수 없었지만, 위험천만한 행동이었던 것만은 확실하다. 무서움을 모르는 누나들은 다 함께 힘을 합쳐 무거운 나무로 만들어진 바리게이트를 짊어지고 독일 병사가 모르는 숲 속 깊은 곳에 숨겨놓았다. 물론 병사들이 다 잠든 시간에 행동했지만 만약 누군가에게 들켰다면 어떻게 되었을지 그걸 생각하는 것만으로도 섬뜩하다. 발각이라도 되었다면 바로 아버지의 지휘였다는 것이 알려져서 누나도 아버지도 모두 체포되거나 사살 당했을 것이다. 물론 모두 그렇게 될 것을 각오한 상태로 위험을 무릅쓰고 한 행동이었다. 당시 어린 누나들의 용기 있는 행동에 의해 연합군과 독일군 그리고 마을 사람들의 생명이 위태하지 않을 수 있었던 것 또한 사실이다.

패전할 때까지 우리 마을은 몇 번이나 폭격을 당했다. 동급생 몇 명도 목숨을 잃었다. 매일 눈앞에 '죽음'이 드리워져 있었다. 하지만 그런 일들이 익숙해지지는 않았다. 강한 '삶'과 '죽음'의 체험이 반복되었다. 나도 누나도 운이 좋아 살아남았을 뿐이다. 그래서 더 이상은 무의미한 죽음을 보고 싶지 않았다. 하지만 그러기 위해서는 위험을 두려워하지 않고 자신의 목숨을 걸고서라도 무언가를 해야만 했다. 이 얼마나 모순된 상황인가.

'너의 적을 사랑하라'의 의미

그 어떤 악몽이라도 언젠가는 반드시 끝이 있다. 1945년, 내가 열세 살이 되던 해의 5월. 연합군이 수도 베를린을 함락하고 히틀러는 자살했다. 사실상 전쟁이 끝난 것이다. 패전국이 된다는 것은 한동안 연합군의 점령하에 놓인다는 것을 의미한다. 하지만 우리 가족은 연합군의 주둔을 환영했다. 반나치 운동을 했다는 점도 있어서 연합군을 미화하는 마음도 있었다. 영국과 미국의 사상을 이상적으로 생각했다. 그래서 '적이 침략해온다.'는 두려움보다는 '조국이 드디어 나치에서 해방된다.'는 생각에 오히려 환영하는 기분으로 연합군이 오는 것을 기다리고 있었던 것이다.

우리 할아버지는 그들이 마을로 들어오기 며칠 전부터 하얀 시트를 잘라 백기를 만들었다. 그러고는 "이 백기는 환영의 증표가 되는 거야."라고 우리에게 말씀하셨다.

할아버지도 아버지처럼 목숨을 걸고 반나치 운동에 힘쓴 사람이다. 5월 초, 드디어 우리 마을에 연합군이 들어왔다. 그리고 그날은 다양한 의미로 평생 잊을 수 없는 날이 되었다. 연합군 병사를 환영하려고 손수 만든 백기를 들고 가족 앞에 서 있던 할아버지가 다가오던 연합군 병사에게 사살 당한 것이다. 그것도 내 눈앞에서 말이다. 내 머릿속은 새하얗게 변했다. 눈앞에서 일어난 사건이 내 상식을 벗어났기 때문이다.

할아버지는 무기 같은 것도 들고 있지 않았었다. 적의를 드러내며 외치고 있던 것도 아니었다. 그저 환영의 의사를 표하며 백기를 흔들고 있었을 뿐이었다. 할아버지가 살해될 이유 따윈 전혀 존재하지 않았다. 우리는 어쩌면 집 안에 독일 병사를 숨겨주진 않았는지 자택 수사를 당할지도 모른다는 생각은 했다. 만약 그렇다면 기꺼이 연합군에 협력할 생각이었다. 그런데 설마 그들을 환영하기도 전에 갑자기 가족이 사살 당할 줄은…. 정말로 너무나 갑작스럽고 이해할 수 없는 죽음이었다.

전쟁은 사람을 이상하게 만든다. 병사들은 항상 죽이거나 죽거나 둘 중 하나라는 압박감에 시달린다. 그러니 내가 먼저 상대방을 죽이면 나는 안전하다는 심리였을지도 모르겠다. 할아버지를 죽인 그 병사도 악의를 갖고 쏜 것이 아니라 패닉 상태에 빠져 쏜 것일지도 모르겠다. 지금 와서 그 이유를 확인할 방법은 없지만…. 아무튼 부조리한 사건이었다. 우리 가족은 반나치 운동을 통해 어떤 의미로는 연합군에 협력해 온 것이나 다름없었는데 마지막에 와서 연합군에게 배신을 당한 것이다. 그것도 무척 잔혹한 형태로…. 나는 그 순간에 무어라 표현할 수 없는 괴로움을 느꼈다. 할아버지가 총격을 당했다는 사실에 온몸이 분노와 절망으로 끓어 넘치는 것을 느꼈다.

한편, 나는 마음속에서 『성서』에 적힌 '너의 적을 사랑하라.'는 말이 들려오는 것을 느꼈다. 할아버지를 쏜 연합군 병사는 말 그대로 '적'이었다. 하지만 아무리 그리스도교의 가르침에 따른다고 하더라도 과연 내가 할아버지를 죽인 병사를 사랑할 수 있을지…. 그건 불가능하다고 외치는 마음의 소리도 들려왔다. 나는 어린 시절부터 가톨릭의 가르침을 받아왔다. '신앙은 사람이 어른이 될 때, 자신의 손으로 선택해야 한다.'고 배웠다. 하지만 그 가르침에 따라 과연 내가 '적'을 환영할 수 있을지 그 순간 말 그대로 내 신앙이 시험에 빠진 것이다. 짧은 시간이었지만 나는 몹시 고뇌에 빠졌다. 그리고 결심했다.

우리 마을을 완벽하게 점령한 연합군은 일일이 가정집을 방문해 탐색을 시작했다. 숨어 있는 독일군이나 남은 무기를 찾아내기 위해서였다. 할아버지의 목숨을 빼앗은 병사도 당연히 그 안에 있었을 것이다. 내 눈에는 낡고 헤진 군복을 입은 병사들 모두가 같은 사람으로 보였다. 이윽고 병사 한 명이 우리 집에 찾아오는 결정적인 순간이 찾아왔다.

나는 그 병사를 향해 손을 뻗으며 "웰컴!"이라고 말했다.

온 힘을 다해서 간신히 말했다. 전신이 녹초가 되어 힘들었지만, '적을 사랑하라.'는 가르침에 따라 손을 내밀며 환영의 뜻을 비쳤다. 병사는 살짝 놀란 것 같았다. 적국 시민에게 "웰컴!"이라는 말을 들을 거라고는 생각도 못했을 것이다. 병사는 빙긋 웃으며 허리를 굽히고는 내 어깨를 가볍게 두드렸다. 이 괴로운 사건이 내 인생에 있어서 두 번째 전기였다.

신앙은 자신의 손으로 선택하는 것이다. 그리스어에는 '시간'을 표현하는 말로 '크로노스(Kronos)'와 '카이로스(Kairos)'라는 두 개의 단어가 존재한다. 크로노스란 시계의 바늘이 가리키는 양적인 시간이다. 카이로스는 일순간이나 인간의 주관적인 '시간'을 의미한다. '소중한 시간, 결정적인 순간'이라는 뜻이다. 인생을 살다 보면 다양한 카이로스가 찾아오게 된다. 두 번 다시 찾아오지 않을 단 한 번의 찬스인 것이다. 우리 할아버지를 죽인 사람을 사랑할 찬스 ― 일부러 찬스라는 말을 썼다 ― 는 두 번 다시 찾아오지 않을 카이로스다. 그 병사가 밖으로 나감과 동시에 나는 할아버지의 주검 앞에서 무릎을 꿇고 통곡했다. 그리고 필사적으로 할아버지를 위해 쉬지 않고 기도를 드렸다.

세계는 복잡했다

　연합군이 엠스텍 마을을 완전히 점령했다. 우리 집은 큰 편이라 병사 약 70명의 임시 숙소로 사용되었다. 일단 나의 적을 사랑할 작정이었지만 할아버지를 죽였을지도 모르는 병사가 우리 집에 머물게 되었다는 사실에 마음이 무척 복잡했다. 어느 병사가 아버지에게 지금 몇 시냐고 시간을 물었다. 아버지는 가보(家寶)라고 해도 손색이 없는 금시계를 갖고 있었다. 호주머니에서 그 시계를 꺼내 커버를 열고, 친절한 말투로 오후 4시라고 말해주었다. 그러자 그 병사는 그대로 아버지의 시계를 빼앗아 자신의 호주머니에 넣었다. 전쟁이라는 것은 그런 것일지도 모르겠다.
　연합군이 집에 머물게 된 지 이틀 후의 일이다. 나는 누나와 함께 정원에서 놀고 있었다. 누나가 물을 마시러 간 순간 젊은 병사가 다른 병사를 향해 "사령관의 명령으로 저 여자를 데려가기로 했어."라고 속삭이는 소리를 들었다.
　'저 여자'는 누나를 가리키는 말이었다. 누나가 강간을 당하게 될지도 모른다는 공포감에 온몸의 털이 쭈뼛 솟았다. 예전부터 강간이 얼마나 잔혹한 행위인지는 잘 알고 있었다. 신문을 통해 많은 동 독일 여성들이 러시아 병사들에게 지독한 꼴을 당했다는 기사를 몇 번이나 읽어봤기 때문이다.

사령관은 옆집에 숙박하고 있었다. 나는 재빨리 누나를 붙잡고 순간적으로 떠오른 계획을 설명했다.

"정원에서 집 안으로 들어가는 척한 다음에 바로 부엌문으로 나가. 그리고 멀리 떨어진 곳에서 당분간 숨어 있어!"

누나는 이유도 묻지 않고 내가 말한 대로 했다. 이유를 설명할 시간도 없었지만, 다급한 얼굴이 비상사태라는 것을 알아챘을지도 모르겠다. 젊은 병사들은 집 안을 돌아다니며 누나를 찾았지만 당연히 찾을 수 없었다. 한동안 찾아다니다 결국 사령관과 병사가 포기한 것 같았다. 이 일은 지금도 누나에게 말하지 않았다.

나는 패전하기 전까진 독일 정부와 군대에만 비판적인 인식을 갖고 있었지만, 연합군의 이러한 행태를 보게 되자, 역시 전쟁이라는 극한 상황에 처하면 인간은 무섭게 변한다는 것을 실감하게 되었다. 아이들은 저마다 이상적인 세계를 그리고 있다. 좋은 사람에게는 좋은 미래가 찾아오고 나쁜 사람은 벌을 받는다는 동화처럼 단순한 세계를 상상한다. 그렇지만 현실은 그렇지 않다. 세계는 무척 복잡하다는 것을 깨닫게 되었다. 3일 후, 우리 집을 점거하고 있던 병사들은 어딘가로 길을 떠났다. 전쟁은 끝났고, 문득 깨닫고 보니 나는 더 이상 아이가 아니었다.

프란시스코 하비에르(Francisco Xavier)가 인도해준 미래

나치 체제가 붕괴하자 나는 더 이상 고독하지 않게 되었다. 새로운 친구들도 사귀었다. 하지만 괴로웠던 시기에 터득한 나만의 취미인 독서는 여전히 즐기고 있었다. 장르를 가리지 않고 다양한 책들을 읽던 어느 날, 프란시스코 하비에르의 전기를 손에 든 나는 순간 무언가의 이끌림을 느꼈다. 그리고 그 책을 전부 읽은 후 가톨릭 사제라는 직업에 커다란 매력을 느끼게 되었다. 연합군이 집에 들어왔을 때의 경험 또한 나를 신앙의 길로 들어서게 하는 데 있어서 강한 신념과 버팀목이 되어 주었다. 중학교 시절에는 라틴어와 그리스어에도 흥미를 갖게 되었다. 앞으로 어학 교사가 되는 것도 나쁘진 않겠다는 생각에 선생님이 자리를 비우셨을 땐 내가 대신해서 동급생을 가르치기도 했다. 그리스어로 된 『신약성서』도 읽을 수 있게 되었다.

고등학교에 진학한 후에는 하비에르에 관한 책을 모두 읽으며 그가 소속해 있던 수도회인 예수회에 들어가고 싶다는 소망을 갖게 되었다. 물론 아버지가 나에게 기대하는 미래상을 잊은 것은 아니었다. 아버지는 미래의 나를 위해 광대한 땅까지 사주셨다. 그때 함께 심었던 나무도 이미 나보다 훨씬 더 크게 자랐다. 하지만 가톨릭 수도회에 들어가게 되면 개인적인 재산을 갖는 것은 불가능하게 된다. 나는 고뇌했다. 집에서도 복잡한 기분으로 하루하루를 보냈다. 무슨 일이든 자주 토론을 하던 가정이었지만, 이것만큼은 아버지께 쉽사리 말을 꺼낼 수가 없었다.

고등학교에는 장학금 제도가 있었다. 영국이나 미국의 대학들은 독일이 패전하면서 경제적으로 어려움에 처한 독일 학생을 대상으로 장학금을 주었다. 나는 영국 대학교가 주는 장학금을 받고 있었다. 그러니 고등학교를 졸업하면 영국에 있는 대학에 들어가 아버지의 희망대로 법학을 공부하는 것이 제일 좋은 선택이었다. 하지만 고등학교 졸업을 반년 앞두고 드디어 결심이 섰다. 아버지께 예수교에 들어가 가톨릭 신부가 되고 싶다고 말한 것이다. 아버지는 내 결심에 기뻐하진 않으셨지만 그렇다고 무조건 반대를 하지도 않으셨다. 아버지는 신실한 가톨릭 신자셨기에 아들이 신부가 된다는 것에 심적으로는 반대를 할 수 없었던 것 같았다. 그 후, 누나가 성령회에 들어가 수녀가 되었고, 여동생 한 명도 그녀의 뒤를 이었다. 결심을 한 뒤에는 일사천리였다. 고등학교 졸업이 얼마 남지 않았을 때 예수회 수련에 참석하여 시험을 치르고 합격했으며, 1952년 봄에는 고등학교를 졸업한 뒤 바로 예수회에 들어가게 된 것이다.

예수회에서 처음 2년 동안은 수련원에서 생활하는 것이 규칙이다. 그 후 내 목표는 대학에서(가능하다면 일본에서) 가르치는 일을 하는 교사였다. 우선은 오스트리아에서 독일 문학을 배우고, 이어서 뮌헨에서 3년간 철학을 공부했다. 그러고는 프랑스에서 잠시 유학을 한 뒤에야 드디어 그렇게나 동경하던 일본에 갈 수 있게 되었다. 일본에서는 당시 요코스카(Yokosuka)에 있던 에이코가쿠엔(榮光學園) 캠퍼스에서 2년간 일본어, 일본 역사와 문화 등을 공부했다. 여기에서의 생활이 끝난 후에는 죠치대학에 부임했다. 새로운 인생의 시작이었다.

　예수회의 규칙에 따라 무조건 자신이 원하는 곳으로 갈 수 있는 것은 아니었다. 그래도 나는 예수회에 들어갔을 때부터 일관되게 장래에는 일본으로 가고 싶다는 희망을 말해왔다. 또한, 독일 잡지에서 '죠치대학은 일본에서 가장 국제적인 대학이며 세계에서 모인 교수들이 가르치고 있다.'는 기사를 읽고, 언젠가는 그 교단에 서고 싶다는 꿈을 꿔왔다. 드디어 그 꿈을 이루게 된 것이다. 예수회의 신부가 되기 위해서는 반드시 대학에서 '신학'을 배워야만 한다. 신학을 공부해야 할 조건도 죠치대학 신학부에서 배울 수 있었다. 그리고 1965년, 정식으로 사제 서품을 받은 곳도 동경 교구 카테도랄 대성당이었다. 그런 면에 있어서도 나는 'Made in Japan 신부'였던 것이다. 한편, 아버지는 내가 돌려드린 고향 땅을 팔기로 결심하시고, 그 돈으로 누이들이 일하고 있는 인도네시아와 일본의 사회 복지시설에 기부했다고 한다.

부모님이 보낸 두 통의 편지

본 장의 마지막으로 다시 한 번 부모님에 대한 이야기를 하고 싶다. 고등학교를 졸업하고 바로 예수회에 들어가버려 어쩔 수 없었다고는 하나 한 번도 집으로 돌아가지 않은 불효자 알폰스에게 두 분은 마지막으로 멋진 선물을 보내주셨다. 내가 30대이던 시절, 잠시 죠치대학을 떠나 뉴욕에 있는 대학원에서 공부를 하고 있던 때의 일이다. 고향에 있는 아버지가 내게 무척 두꺼운 편지를 보내온 것이다. 내가 모국 독일을 떠난 이래, 부모님과의 연락 수단은 오로지 짧은 편지뿐이었다.

아버지와 어머니가 그동안 보내온 편지도 근황을 알리는 정도의 내용이 대부분이었다. 그래서 아버지가 보내온 편지의 두께에 살짝 놀랐다. 궁금해 하며 편지를 뜯고 안을 들여다보니 장문의 편지가 눈에 들어왔다. 거기에는 아버지의 모든 생애가 적혀있었다. 아버지가 바라던 이상, 성공과 실패, 그러한 일들이 단정한 글씨체로 상세하게 적혀있었다. 이 의미심장하고 애정이 가득 담긴 편지에 어느 순간 나도 모르게 눈물을 흘리고 있었다. 편지를 읽고 이보다 더 감동을 느낀 적이 없었다. 그리고 국제전화로 아버지의 사망 소식을 들은 것은 그로부터 얼마 안 된 때였다. 그 길디긴 문장의 편지는 아마 아버지의 유언이었을 것이다. 죽음이 다가오고 있다는 것을 예감한 아버지는 죽기 전에 다시 한 번 자신의 인생을 되돌아보고, 생애의 기록과 추억을 멀리 떨어진 곳에서 살고 있는 아들에게 정신적 재산으로 보내준 것이다.

한편, 가족을 위해 자는 시간도 아껴가며 일하던 어머니는 아버지보다 더 글쓰기를 귀찮아하던 사람이었다. 가끔 보내주는 편지의 문장도 무척 간결한 편이었다. 내가 다시 동경에서 생활하게 된 어느 날 어머니께서 보낸 편지를 한 통 받았다. 또다시 장문의 편지였다. 아버지의 편지와 같은 내용이었다. 어머니의 생애를 엮은 마음이 담긴 편지였다. 하지만 이 역시 아버지 때와 마찬가지로 어머니가 보내는 이별의 편지였다. 어머니는 편지를 보내고 며칠 지나지 않아 하늘로 돌아가신 것이다.

아버지와 어머니에게 받은 두 통의 편지는 내 평생 그 무엇과도 바꿀 수 없는 보물이 되었다. 때때로 편지를 꺼내 읽어본다. 편지에는 아버지와 어머니의 모든 생각이 담겨져 있었다. 이 편지로 나는 언제든지 아버지와 어머니를 만날 수 있었다. 부모님은 내 마음속에서 영원히 살아있는 것이다.

제2장

삶과 죽음을 둘러싼 다양한 만남
책으로부터, 선구자로부터

여행자로서의 인간은 여행 도중에 몇 번의 전기를 맞이하게 된다. 나는 책 속에 있는 '지식'을 통해 '죽음'에 대해서 충분히 깊은 고찰을 했다고 생각했지만, 어느 날 말기 환자와 최후의 3시간을 보냈던 경험과 나 자신의 암 투병이라는 두 번의 결정적인 체험을 통해 '죽음'이란 '머리'만이 아니라, '마음'으로도 이해해야 한다는 사실을 알게 되었다.

뮌헨에서 대학 시절 알프스를 배경으로 휴식을 취하다 보면 어느새 등산과 독서에 몰두하게 되었다.

책과의 향기로운 만남

『신약성서』는 신이 보낸 사랑의 편지

　어린 시절부터 책을 가까이한 덕분에 나에게 있어서 독서는 빼놓을 수 없는 습관이 되었다. 식사를 하거나 잠을 자는 것처럼 숨을 쉬듯 무척 자연스럽게 책을 손에 들고 페이지를 넘기고 있었다. 책이 없는 인생은 내게 있어서 상상조차도 할 수 없다. 나는 책을 통해 격려를 받고, 용기를 얻고, 생각하는 즐거움에 대해 배웠다. 또한 책을 통해 무척 많은 영감을 얻었다. 모든 책들이 내 평생 동안 풀어야 할 과제인 생사학을 깨닫게 해주는 소중한 이정표가 되었다.

나치 엘리트 양성 학교 진학 추천을 받기 전의 이야기다. 아마 11살 여름방학 때의 일이라고 기억한다. 나는 갑자기 『신약성서』의 매력에 푹 빠졌다. 애초에 여름방학 숙제였던 『성서』 암기는 병아리가 모이를 쪼아 먹듯 술술 외워졌다. 그 결과 여름방학이 끝날 무렵 '누가복음 암기대회'에서 입상해 많은 칭찬을 받았다. 보통 암기 공부라고 하면 재미없고 힘들기만 한 일이라고 생각하겠지만, 그 여름 나는 정말 즐거운 마음으로 누가복음을 탐독했다. '지금 우는 자는 복이 있나니 너희가 웃을 것임이요(누가복음 6장 21절)', '죄인 하나가 회개하면 하늘에서는 회개할 것 없는 의인 아흔아홉으로 인하여 기뻐하는 것보다 더하리라(누가복음 15장 7절).'는 지금도 내가 좋아하는 말씀이다. 이렇게 멋진 성경 구절들이 소년 알폰스의 마음에 깊게 와 닿았다.

누구나 알고 있듯이 『신약성서』는 2000년 전에 쓴 세계 최대의 장기 베스트셀러다. 분명히 그 시대에 예수님의 가르침과 행동을 기록한 책이지만, 단순히 2000년 전 책이라는 것만이 아니라 예수님이 보여 주신 우리를 향한 사랑의 표현이기도 하다. 읽으면 읽을수록, 접하면 접할수록, 그 깊이와 맛을 음미하게 되는 영원성을 가진 서적이다. 이렇게 말하면 어려운 책이 아닐까 오해하는 사람이 있을지도 모르겠다.

『신약성서』는 결코 딱딱하고 어려운 종교 교과서가 아니다. 오히려 편히 읽을 수 있는 책이라고 말하고 싶다. 예수님에 대한 많은 우화에서는 유머러스한 향기가 은은하게 풍겨 나온다. 예를 들어, '어찌하여 형제의 눈 속에 있는 티는 보고 네 눈 속에 있는 들보는 깨닫지 못하느냐(마태복음 7장 3절)', '재물이 있는 자는 하나님의 나라에 들어가기가 심히 어렵도다. (중략) 낙타가 바늘구멍을 지나가는 것이 부자가 하나님의 나라에 들어가는 것보다 쉬우니라(마가복음 10장 23절, 25절).' 전자는 '들보'라는 실로 이상야릇한 표현으로 웃음을 유도한다. 하지만 이어서 자신의 편협한 사고방식을 깨닫게 되는 사람들의 모습이 떠오르지 않는가? 후자는 너무 재산에 집착하다 결국 예수님의 부름에 답하지 못한 남자를 불쌍히 여긴 말이다. '낙타가 바늘구멍을 지나간다.'라는 엉뚱한 비유는 이상할 만큼 물질에 집착하는 부류의 사람들을 아주 적절하게 표현한 말이다.

그리고 누구나 잘 알고 있는 '최후의 만찬'의 장면은 예수님이 죽기 전에 남긴 유언이나 마찬가지다. 예수님이 우리에게 특히 남기고 싶었던 메시지라고 확신한다. '이것이 나의 계명이니 내가 너희를 사랑한 것 같이 너희도 서로 사랑하라는 것이니라. 사람이 친구를 위하여 자기 목숨을 버리면 이보다 더 큰 사랑은 없나니(요한복음 15장 12절, 13절)', '사랑'은 『신약성서』를 포괄하는 예수님의 궁극의 메시지다. 여러분도 『신약성서』를 여러 번 반복해서 읽어보시길 권한다. 지금은 신부로서 『성서』 대부분을 외우고 있는 나도 다시 읽으면 또 새로운 것을 발견하기 때문이다. 그 이유는 『신약성서』를 읽으면 우리 자신이 매일매일 보다 성숙해지기 때문이다. 젊을 땐 이해할 수 없었던 예수님의 말씀이 중년이 되어서는 감성을 자극하는 일이 종종 일어날 것이다.

나에 대해 말하자면, 11살 고독한 여름날에 읽은 『신약성서』가 신이 내게 보내준 러브레터였다고 직감한 순간 나는 또 한 번의 전기를 맞이했다고 생각한다. 중학교 수업에서 배운 라틴어와 그리스어가 내 특기 과목이 되었다. 특히 그리스어를 열심히 공부한 이유는 그리스어로 적힌 『신약성서』를 읽어보고 싶다고 생각했기 때문이다. 앞으로도 나는 몇 번이고 『신약성서』를 읽을 것이다. 『신약성서』에는 예수님의 언행을 통해 다양한 삶의 모습이 생생하게 그려져 있기 때문이다.

노발리스(Novalis) 시집의 아름다운 감동

독서가 재미있는 이유 중 하나는 언어의 아름다움을 느낄 수 있기 때문이다. '고독'했던 나날, 나는 노발리스가 보여준 독일어의 아름다움에 매료되었다. 물론 언어만이 아니라 시로 엮어낸 내용도 무척 근사했다. 이후 중학생, 고등학생 시절까지 그의 시를 계속 읽으며 아름다운 언어를 즐겼다. 노발리스는 유명한 독일 낭만주의 시인이다. 또한 그는 '삶과 죽음'을 테마로 삼은 사람이기도 했다. 노발리스는 '삶은 죽음의 시작이며, 산다는 것은 죽기 위한 것이다. 죽음은 마지막인 동시에 시작이고, 이별임과 동시에 새로운 만남인 것이기도 하다.'라고 적었다.

그는 22살에 소피 폰 퀸(Sophie von Kühn)이라는 13살의 여성과 결혼했지만, 그녀는 2년 후 열다섯 살이라는 어린 나이에 사망했다. 그 시대에는 이른 나이에 결혼하는 사람도 많았고, 젊은 나이에 죽는 사람도 많았다. 그의 문학은 소피를 향한 사모와 그녀와의 사별 체험이 핵심이었다. 복잡하고 애절한 자신의 마음을 상대화하여 아름다운 언어로 표현한 것이다.

노발리스 또한 29세라는 젊은 나이에 사망했다. 그렇게 짧은 인생 속에서도 비상할 정도로 활발하게 창작활동을 했다는 것에 나는 무척이나 감격했다. 심지어 내가 전쟁 중에 읽기 시작한 것이라서 더더욱 그렇게 느꼈다.

노발리스의 시 중에서 소피가 죽은 후 무덤을 찾았을 때, 그녀가 가까이에 존재하고 있음을 마음속 깊이 느꼈다는 내용이 나의 심금을 울렸다.

우리의 맛있는 식탁에
일찍이 즐거이 모여든 이들
누구 하나 고민 없었고
누구 하나 떠남을 바라지 않았다.
비탄의 목소리 들을 일 없었고
상처 자국 보는 일 없어
훔칠 눈물도 없었다.
모래시계의 영원에 걸어감을

― 「죽어가는 이들의 노래」

    죽은 이들은 슬퍼하지 않는다. 축제를 즐거워하고 밝은 분위기의 연회에 참석하여 탄식도, 상처도, 슬픔도 존재하지 않는 영원한 생을 누린다. 노발리스는 깊은 그리스도교 신앙에 따라 그녀는 살아있다고, 생명은 잃었어도 사랑은 죽지 않는다는 내용을 무척 아름다운 말로 표현하고 있다. 내 전공은 철학이지만, 뮌헨에서 철학을 공부하기 전에는 오히려 독일 문학에 관심을 갖고 공부하고 있었다. 그 중심이 바로 노발리스였다. 나는 노발리스 덕분에 문학에 눈을 뜬 것이다.

문학에서의 죽음이라는 테마

대학 시절에 여름방학이 되면 배낭에 소설 책을 가득 챙겨서 알프스를 올랐다. 독서와 등산에 시간 가는 줄 모르던 날들이었다. 예를 들면, 어느 여름방학에는 러시아 문학, 주로 도스토예프스키와 톨스토이의 작품을 읽었고, 다른 여름방학에는 영국 문학, 셰익스피어, T.S. 엘리엇, 그레이엄 그린, 에블린 워 같은 작가들의 작품을 읽었다. 그리고 그 후에도 『프랑스 문학의 여름』, 『아메리카 문학의 여름』을 읽었다. 그 결과 문학에서 다루는 죽음이라는 테마에 자연스럽게 깊은 흥미를 갖게 되었다. 시인과 소설가 대부분의 테마는 사랑, 이별, 죽음이다. 특히 '죽음'은 문학에 커다란 영감을 준다는 사실을 알게 되었다.

독일 시인 릴케도 이에 해당한다. 그의 명언 중에 "오오, 신이시여, 그들에게 그들 고유의 죽음을 베풀어 주소서."라는 말이 있다. 그가 비판한 것은 사람들의 '죽는 형태'였다. 인간에게는 그 사람 나름의 삶을 완수할 의무가 있듯이, 그 사람 나름의 죽음을 완수할 필요가 있다는 것이다. 영국의 T.S. 엘리엇도 이 테마에 대해 깊이 있게 적었다. 그가 쓴 《네 개의 4중주》 중에서 "In my beginning is my end(내 시작에 끝이 있다)."라고 말했다. 우리가 태어난 순간부터 전 생애에 걸쳐 죽음 또한 우리의 곁에 있다는 사고방식이다.

죽음은 언제나 우리 곁에 잠재해 있다는 의미다. 또한 같은 책 안에서 "In my end is my beginning(내 끝에 시작이 있다)."라는 말도 했다. 이 두 개의 문장의 대비는 무척 의미심장한 바가 있다. 시인과 소설가는 철학자, 신학자와 함께 항상 심오하게 죽음을 들여다보고 사별 체험에 대해서도 깊은 인간성을 표현했다.

다양한 문학 작품들 중에서도 죽음을 대하는 인간 심리를 가장 적절하게 표현한 작품은 아마도 톨스토이의『이반 일리이치의 죽음』이 아닐까 싶다. 이 작품은 문호로서의 명성을 얻은 톨스토이가『안나 카레니나』를 집필한 후, 10년 가까이 펜을 놓았다가 집필한 소설이다. 공백기 동안 톨스토이는 정신적인 위기를 맞아 불안과 우울, 절망에 괴로워했다. 그리고 신앙의 의미를 재발견함으로써 드디어 위기에서 벗어나 재기를 알리는 첫 작품으로『이반 일리이치의 죽음』이 탄생했다. 작가가 직접 죽음과 직면하며 파악한 죽음의 본질을 문학적인 결실로 엮어낸 불후의 명작이다.

나는 일본에 온 뒤로 이 나라의 다양한 소설가, 시인과 만나 많은 자극을 받고 일본 문학도 많이 읽게 되었다. 알고 있듯이 일본 문학에서도 죽음이나 상실의 비극을 테마로 한 뛰어난 작품들이 많이 존재한다. 언뜻 책장을 살펴봐도 나츠메 소세키의『마음』, 모리 오가이의『타카세부네(高瀬舟)』, 시마오 도시오의『죽음의 가시』, 엔도 슈사쿠의『침묵』,『바다와 독약』, 가가 오토히코의『살아있는 심장』, 소노 아야코의 『도려내어진 시간』, 미우라 아야코의 『시오카리고개(鹽狩峠)』 등이 있다.

현대까지 전해져 내려온 명작으로 동서고금의 문학작품과 접하게 된 경험은 이후 내가 삶과 죽음에 대해 깊이 고찰하게 했을 뿐만 아니라 많은 영감을 주었다. 그 시작은 바로 소년 시절에 접했던 노발리스의 시집이었던 것이다. 나는 그 이후로도 노발리스에 대해 연구를 계속했고, 일본 대학생을 대상으로 한 독일어 교재로 노발리스에 대한 책을 쓰기도 했다. 부디 여러분도 노발리스가 표현하는 근사한 말들을 직접 느껴보시길 바란다.[01]

막스 셸러(Max Scheler)의 가치윤리학

소년기부터 청년기에 겪은 가족들의 죽음 체험, 문학작품의 다양한 '삶과 죽음'을 통해 나는 대학교 진학 후 체계적인 학문으로 '죽음'에 몰두해보기로 결심했다. 현재 내 직함은 '철학자'이다. 나를 철학의 길로 들어서게 한 직접적인 계기는 독일의 철학자 막스 셸러와의 만남이었다. 셸러는 20세기 윤리학자 중에서도 다방면에

---

01 『죽음과 영원(死と永遠, Der Mensch im Angesicht des Todes und der Ewigkeit) - 게이린 출판사(芸林書房)』를 참고하길 바란다.

걸쳐 업적을 쌓은 매우 창조적인 사람이다. 나는 그의 철학에 대해 제대로 배우고 싶다는 생각에 14권의 저서를 정독하고 「인간성의 가치를 추구하며 - 막스 셸러의 윤리사상」이라는 제목으로 박사 논문을 썼다. 이 논문은 미국에서 책으로 발간되었으며, 일본 출판사(春秋社)에서도 번역판을 간행했다.

그의 주된 테마를 한 마디로 표현하자면, 바로 '가치윤리학'이다. 가치라는 개념은 국민에 따라, 개인에 따라 그리고 주관적인 것, 객관적인 것 등 다양한 요소가 있다. 하지만 막스 셸러는 '무엇이 선이며, 무엇이 악인가'라는 가치 그 자체는 객관적일 수밖에 없다는 것을 강조하고 있다. 전쟁을 시작할지 말지를 둘러싸고 100명의 시민이 모였다고 가정해보자. 전쟁을 반대하는 사람은 1명, 99명이 찬성한다고 하더라도 정말로 올바른 사람은 반대하고 있는 사람 한 명뿐이라는 것이다. 왜냐하면 '전쟁은 선하지 않으며 악이다.'라는 사고의 가치는 객관적이기 때문이다. 이것은 다수결로 결정되는 것이 아니다.

어쨌든 최근까지 일본의 의학 논리는 오래 사는 것에 가치를 두었지만, 지금은 그냥 오래 사는 것만이 아니라 그 사람의 생명과 삶의 질이 중요하다는 것을 깨닫게 되었다. 이는 QOL(Quality of Life)의 개선이라는 말로 표현되고 있지만, 이것 또한 하나의 가치관이다. 나는 막스 셸러의 가치윤리학은 다양한 테마와 서로 다른 분야에서도 하나의 중요한 기준이 될 수 있다고 생각한다. 그의 윤리학은 추상적인 탁상논리가 아니라 무척 현실적인 사고방식이기 때문이다.

셸러는 가치 수준에 따른 서열을 강조하고 있다. 예를 들면, 우리는 의식적으로든 무의식적으로든 아침부터 밤까지 어떠한 형태의 가치를 선택하며 살고 있다. 아침에 눈을 뜨고도 좀 더 자고 싶다는 생각이 든 적이 있을 것이다. 나의 아침은 항상 그런 느낌이다. 몸의 피로도 풀리지 않았고, 머리도 혼미하다. 1시간만 더 잘 수 있다면 그보다 더 행복한 일은 없을 것이라는 생각이 든다. 그래도 역시 대학에 가거나 강연을 하러 가야 한다는 생각에 이불 밖으로 나온다.

나에게 있어서 무엇이 중요한지, 우선적으로 해야 할 일이 무엇인지, 인간은 매 순간의 판단에 따라 행동한다. 셸러는 그 판단을 지탱하는 기준이 그냥 주관적인 것이 아니라 객관적으로 평가할 수 있는 가치라고 주장한다. 예를 들면, 순간적인 가치의 만족을 추구한다면 그 순간의 즐거움에 몸을 맡기게 될지도 모른다. 그렇지만 짧은 만족의 시간이 끝난 후에는 결국 허무감과 자기혐오만 남게 되지 않을까. 사람이 살아가는 방식에 있어서 오랫동안 이어지는 가치를 추구하는 편이 훨씬 더 깊은 만족감을 느낄 수 있다. 물론 대부분의 경우 가치 수준을 결정하는 것은 그리 쉬운 일이 아니다. 우리는 가치 수준에 따른 서열이 있다는 것을 어렴풋하게나마 인정하고 있다. 하지만 대체 무슨 기준으로 그 순위를 결정하고 있는 걸까?

이에 대해 셸러는 다음 두 가지의 기준을 예로 들었다.

| 지속성 |

어떠한 가치가 오랫동안 계속 존재하는 경우 그 가치는 지속성이 있을 정도로 가치가 높다고 볼 수 있다. 사랑의 가치를 예로 들자면, 성숙한 사랑에는 반드시 지속성이 있다. 만약 '지금만 당신을 사랑해.'라든가, '한동안 날 사랑해.'라고 말한다면 그것은 결코 본질적인 사랑이 아니다.

| 만족감의 깊이 |

그 가치를 선택하는 것으로 얻게 되는 만족감이 깊으면 깊을수록 그 가치는 높다고 말할 수 있다. 이것은 순간적인 쾌락이 아니라 마음속 깊은 곳에서 넘쳐 나오는 내면의 충만감이다.

우리는 일상생활 속에서 물질적인 쾌락을 추구하게 되는 경우도 있지만, 나에게 있어서 정말로 높은 가치는 무엇인지 스스로에게 계속해서 질문을 던지며 사는 태도가 중요하다고 생각한다.

학창시절의 꿈이 현실로

또한 셸러는 『조화의 시대』라는 새로운 진테제(Synthese, 서로 대립하는 두 개의 사항을 종합한 개념)를 역설했다. 인류는 새로운 시대로 접어들고 있으며, 이 시대는 무수한 긴장, 차이 및 대립의 통합과 와해에 의해 그 특성이 생겨난다고 주장했다. 그는 '다양한 에너지와 힘 ― 정신적, 성적, 경제적, 사회적, 정치적, 문화적, 지적, 종교적 등 ― 의 전 세계적인 재분배와 정리가 이루어질 것이다.'라고 설명했다. 그리고 '신시대를 맞이하는 조화의 시대에는 사상과 정서 및 평가의 단면들은 상호보완적이며, 균형을 잡는 새로운 통합에 의해 완성될 것이다. 보완의 영역은 다면적이다.'라고 서술했다. 이전까지 셸러가 보여준 다양한 고찰은 이 새로운 해석에 의해 통합되고, 철학에 대한 나의 사색에도 커다란 영감을 안겨주었다.

어린 시절 전쟁의 비참함을 끔찍할 정도로 실감했던 나는 셸러가 말하는 '조화의 시대'가 도래하기를 진심으로 바랐다. 프랑스에서 유학하던 20대 시절에는 유럽도 '유럽연합국(United States of Europe)'이 되어야 하는 것이 아닐까 하고 생각하던 시절이 있었다. 그리고 내 나름대로 논리를 세워 몇 번 연설도 했다. 하지만 프랑스인은 내 의견을 전혀 귀담아듣지 않았다. 패전국인 독일에서 온 유학생이 서툰 프랑스 말로 아무리 열변을 토해도 설득력이 없었던 것이다. 유럽 공동체의 구상이라니 당시 각국의 상황을 생각하면 시대를 앞서나간 주장이었던 것이다. 하지만 아무리 그렇다고 하더라도 연설 자체를 무시당한 경험이 내게는 무척 커다란 충격으로 다가왔다. 내 생각은 잠꼬대일 뿐이라고 면전에서 냉소를 당한 적도 있었다.

하지만 최근에 깜짝 놀랄 일이 있었다. 나는 10년마다 독일대사관에서 새로운 여권을 받는다. 당연한 말이지만 여권에는 나라명이 인쇄되어 있다. 전에 쓰던 여권에는 '독일'이라고 적혀있었다. 하지만 새로 받은 여권에는 적갈색 겉표지 맨 위에 '독일'이 아니라 '유럽공동체'라고 쓰여 있었다. 여권에도 유럽공동체화가 진행되고 있었던 것이다. 나는 그 여권을 받는 순간 눈물을 흘리며 기뻐했다. 내가 대학생일 때 꿈꾸던 것이 실제로 이루어졌다는 것이 너무나도 기뻤으니까. 바로 성과가 나오지 않는 일이라도 몇 십 년 앞을 목표로 오랫동안 노력을 이어나가는 것이 중요하다는 것을 다시 한 번 깨달았다.

막스 셸러는 그밖에도 중요한 테마들을 다뤘다. 예를 들어, '회한과 회복'은 과거의 잘못을 어떻게 해석해야 하는가에 대한 귀중한 시사다. 인생의 각 단계에서 인간관계와 관련된 문제가 일어나는 순간 그 문제 자체는 바꿀 수 없더라도 용서받거나 용서하면서 화해의 길로 나아가 새로운 의미를 발견할 수 있다는 내용이다. 물론 과거의 행위도, 그 행위로 인한 결과도, 변경하는 것은 불가능하다. 하지만 행위의 내면적 의미와 가치는 수정할 수 있다. 회한을 통해 인간은 과거에 있었던 잘못된 부분은 도려내고 유익한 것으로 바꿀 수 있다. 회한은 말하자면 자신이 과거에 한 일에 대해 개입하는 행위이다. 회한이야말로 자기 세우기를 실현하는 위대한 힘이라고 그는 말하고 있다.

다른 철학자나 윤리학자는 이런 종류의 테마는 별로 생각하지 않는다. 일본의 속담에도 '후회는 아무리 빨라도 늦다, 한 번 엎지른 물은 다시 주워 담지 못한다, 효도하고 싶을 때 부모는 없다.' 등 과거와 관련된 말들이 많이 있지만 대부분이 부정적인 말들이다. 인간인 이상 실패하는 경우가 존재할 수밖에 없다. 물론 실패는 가능한 한 피해야 하지만 실패를 경험한 후 '회한과 회복'이 있다는 것을 제시했다는 점이 셸러의 멋진 부분이다. 이는 '제3의 인생'에 대한 나의 고찰을 한 차원 더 높이는 데 커다란 도움이 되었다.

'무엇을 말할까'가 아니라 '무엇을 했는가'

내 인생에 또 하나의 커다란 전기를 맞이하게 해준 것은 프란시스코 하비에르와의 만남이었다. 물론 실제로 만난 적은 없다. 그가 남긴 서적을 통해 하비에르라는 사람에게 커다란 감명을 받았다. 그는 여러분이 배운 역사 교과서에도 그림과 함께 등장하는 유명한 인물이다. 교과서처럼 소개를 해보자면 1549년, 가고시마에 상륙하여 일본에 처음으로 그리스도교를 전파한 위인이다. 나에게 있어서도 하비에르는 위인이다. 어릴 때 그의 이야기를 어린이 위인전으로 읽고 무척 감동했던 기억이 있다. 그의 모습과 행동은 어렸던 내 눈에도 매력적이고 세계적인 인물로 보였다. 그리고 루도비코 이바라 덕분에 일본에 흥미를 갖게 되었던 시기에 다시 하비에르와 만나게 되었다. 고등학생 시절 그의 편지글을 모은 책을 읽은 것이다.

그 시절 배로 여행하는 것은 많은 위험을 동반하는 것임에도 불구하고 그는 모험정신을 발휘하여 아시아와 유럽 간 문화교류의 선구자가 되었다. 스페인 북부 나바라 왕국에서 태어난 하비에르는 편안하게 살 수 있는 성을 뒤로하고 선교사로서 용감하게 아시아로 건너간 것이다. 그리고 동남아시아에서 알게 된 일본인 야지로를 따라 가고시마에 정착하여 일본에서의 포교 활동을 시작했다. 하비에르는 자신의 눈으로 본 일본의 인상을 예수회 동료들에게 편지를 보내 이렇게 말했다.

형제들에게 내가 지금까지 보고 들은 것들과 다른 사람을 통해 알게 된 일본에 대해 보고하고자 한다. 우선 우리가 지금까지 직접 접촉해서 알게 된 것은 이 나라 국민들은 내가 지금까지 만났던 모든 나라의 국민들 중 가장 뛰어나다. 나 개인적으로는 그리스도인이 아닌 그 어떤 나라의 국민보다 일본인이 더 뛰어나다고 생각한다. 일본인은 전반적으로 좋은 소질을 갖고 있다. 악의가 없어 그들과 어울리면 무척 마음이 편하다. 그들은 특히 명예심이 강한데 그들에게 있어선 명예가 전부다. 일본인은 대부분 빈곤하다. 하지만 무사든 평민이든 가리지 않고 빈곤을 부끄럽다고 여기지 않는다.

그들에게는 그리스도인에게 없다고 생각되는 특징이 하나 있다. 그것은 바로 아무리 무사가 빈곤하다고 하더라도, 평민이 아무리 유복하다고 하더라도, 유복한 평민이 빈곤한 무사를 무시하지 않고, 마치 부호처럼 존경한다는 것이다. 또한 빈곤한 무사는 어떤 이유에서든 재물이 산처럼 쌓여 있는 평민이라도 결코 그들과는 결혼하지 않는다. 평민과 결혼하게 되면 자신의 명예가 사라진다고 믿기 때문이다. 이처럼 물질보다 명예를 중요하게 여기는 것이다.

일본인끼리 교제하는 모습을 보면 무척 다양한 의식을 볼 수 있다. 무기를 존중하고, 무술을 신뢰한다. 무사, 평민 가릴 것 없이 모두 단검과 장검을 허리에 차고 있다. 열네 살이 되면 단검과 장검을 차는 풍습이 있다. 그들은 치욕과 조소에는 침묵하지 않는다. 평민이 무사에게 최고의 경의를 표하는 것과 마찬가지로 무사는 영주에게 봉공(奉公, 나라나 사회를 위하여 힘써 일함)하는 것을 자랑으로 여기며 영주에게 머리를 조아린다. 이는 영주의 뜻에 반하는 행위를 하는 것은 자신의 명예를 부정하는 것이라고 여기기 때문이라고 한다.

일본인의 생활에는 절도가 있다. 다만 마시는 것에 있어서는 약간 지나친 구석이 있는 국민이다. 그들은 쌀로 만든 술을 마신다. 이곳에는 포도가 없기 때문이다. 도박은 커다란 불명예로 여기기에 전혀 하지 않는다. 왜냐하면 도박은 자신의 물건이 아닌 것을 바라게 되고, 결국에는 도둑이 될 위험성이 크기 때문이다. 그들은 허황된 말로 선서를 하는 경우가 드물다. 선서를 할 때는 태양에 맹세한다. 주민 대부분은 읽기, 쓰기를 할 줄 안다. 이는 단기간에 기도나 종교를 배우는 데 있어서 무척 유리한 점이다.

일본인은 아내를 한 명만 갖는다. 절도는 극히 드문 일이다. 들키면 사형에 처하기 때문이다. 신에 대해 배울 때, 특히 그것을 이해했을 때에는 항상 크게 기뻐한다. 나는 지금까지 여행한 다양한 나라들, 그게 그리스도교도이든 이교도이든 상관없이 절도에 대해 이만큼 신용할 수 있는 국민을 본 적이 없다. 짐승의 형태를 한 우상 같은 것에는 제사를 지내지 않는다. 일본인 대부분은 옛사람을 존경하고 있다. 내가 생각하기에는 철학자 같은 사람들이다. 국민 중에 태양을 모시는 사람이 무척 많다. 달을 모시는 사람도 있다. 하지만 그들은 모두 이성적인 이야기에 기꺼이 귀를 기울인다. 또한 그들 속에서 벌어지는 사악은 자연의 이치에 반하는 것이기 때문에 죄라고 판결을 내리면, 그 판결에 기꺼이 찬성한다.

— 페드로 아루페(Pedro Arrupe) 신부, 이노우에 이쿠지 공동 번역
「성 프란시스코 데 사비에르 서한초(書翰抄)」에서 발췌

일본인에 대한 굉장한 관찰력과 통찰력이다. 일본인은 얼마나 멋진 사람들인가. 나는 이 편지를 읽고 꼭 일본에 가고 싶어졌다. 막스 셸러의 말에 따르면 추상적인 가치 자체보다 그 가치를 실현하는 인간이 매력적이며, 그중에서도 특히 모범적인 인간이 사람들을 인도한다고 한다. 나는 그와 같은 매력을 하비에르에게서 느꼈다. 하비에르의 이야기는 무엇을 말하고 있느냐 뿐만 아니라 무엇을 했느냐 하는 것이다. 말만 하는 것이 아니라 행동도 보여 준다는 것이다. 하비에르는 그야말로 그런 사람이었다. 바라건대 나도 이런 사람에 가까이 다가갈 수 있기를 진심으로 바란다.『신약성서』를 통한 예수와의 만남과 하비에르와의 만남, 이 두 만남을 통해 언젠가는 예수회에 들어가 일본에 가고 싶다는 생각이 굳어진 것이다.

사람과의 멋진 만남

가브리엘 마르셀(Gabriel Marcel)의 '문제'와 '신비'

  성장하여 대학에서 '철학'을 배우게 된 나는, 멋지고 좋은 '스승'에게 도움을 받았다. 대학에서 연구하는 동안 내가 반드시 해야 할 일을 확실하게 알게 된 것이다. 가브리엘 마르셀(1889~1973)은 '20세기의 소크라테스'라고도 불리는 프랑스의 위대한 철학자다. 뮌헨의 대학에서 우연히 그의 강의를 직접 들을 수 있는 기회가 있었다. 지금 떠올려도 대단한 행운이었고 무척 행복한 경험이었다. 그는 위대한 철학자로 잘 알려졌지만, 동시에 많은 희곡을 쓰고 음악적 조예도 깊은 다재다능한 사람이었다. 나를 철학자로서 생사학이라는 테마에 인도해준 사람이 마르셀일지도 모르겠다. 내가 감명받은 마르셀의 테마 다섯 가지를 소개하겠다. 이 모든 것들이 새로운 방향으로 나의 시야를 넓혀 주었다.

① 문제와 신비

세상에서 일어나는 다양한 사건들을 이해하기 위해서는 '문제'와 '신비'라는 두 가지 접근법을 구분해서 생각해야 한다고 마르셀은 주장했다. '문제'는 전체를 객관적으로 바라보고 그것이 무엇인지를 고찰해봄으로써 'how to'로 해결할 수 있지만, 세상에는 보다 깊은 차원의 무엇이 존재한다. 그것이 바로 '신비'다. 말하자면 '문제'는 그것을 고찰하는 나 자신의 외적인 면에 있다. 그래서 우리는 지식이나 기술로 '문제'를 해결할 수 있다. 하지만 '신비'의 해결은 고찰하는 나 자신이 그 고찰에 빠져들기 때문에 객관적인 해결이 불가능하다. '신비'는 '문제'와는 전혀 다른 태도로 접근해야 한다.

'문제'라는 것은 예를 들자면, 내가 강의를 하던 도중 갑자기 마이크가 꺼졌다고 가정해보자. 알고 보니 마이크 건전지가 다 된 것이 원인이었다. 이 경우에는 새로운 건전지를 구하면 문제가 해결된다. 기술적인 노하우로 해결이 가능하다. 그렇게 해결된 문제는 인간의 통제하에 놓일 수 있다. 옛날부터 인간은 그렇게 해서 세상에서 일어나는 다양한 상황을 통제해왔다. 하지만 '왜 네 살배기 동생이 죽어야만 했는가.'라는 의문은 어떠한가? 아무리 고심을 하더라도 완벽한 해결책이 나올 수는 없다. 그렇다면 '나는 누구인가.'라는 질문은 어떠한가? 이러한 의문을 기술적인 노하우로 해결하기란 불가능하다. 이러한 것들은 모두 '신비'의 차원에 존재하기 때문이다.

'신비'는 '문제'처럼 해결할 수 없는 것으로 인간의 통제하에 놓일 수 없다. 신비는 통제하려고 시도하는 것이 아니라 겸허하게 열린 마음으로 받아들여야 한다. 의사는 환자가 입원했을 때 그 환자가 어떤 병에 걸렸는지, 그 병을 어떤 수술이나 약으로 치료할 수 있는지를 먼저 생각한다. 이것은 '문제'의 단계다. 하지만 병증이 어느 정도 진행되면 '손 쓸 시기가 지났다.'는 단계에 접어드는 경우도 있다. 이런 상황이 되면, 이것은 더 이상 '문제'가 아니라 '신비'의 차원으로 바뀐다. 우리는 완벽하게 해결할 수 없는 '신비'의 차원이 있다는 것을 확실하게 인식해야 한다. 또한 삶의 방식, 가치관 등 모든 면에서 확실하게 구분할 필요가 있다.

마르셀은 "그저 '문제'만 중요하다고 생각하고, 무엇보다 우선해야 할 일이라는 사고방식이 더 큰 문제"라고 지적했다.

그보다 더 고차원적인 것이 있는 것이다. '신비'에 대해서는 '문제'와는 다른 사고가 필요하다. 예를 들어, 사랑, 자유, 인간, 만남,

괴로움, 악, 존재, 탄생, 삶과 죽음 등의 이러한 것들은 단순한 '문제'의 차원이 아니라 보다 깊은 '신비'의 차원이다. 신비에 다가갈 때의 바람직한 태도는 지배하려 드는 것이 아니라 솔직한 표현, 겸손, 포용과 열린 마음으로 접하는 것이라고 강조했다.

마르셀은 의학에 관해서는 언급하지 않았지만, 나는 훗날 마르셀의 사고방식을 의학에도 적용해보고 싶었다. 환자가 회생 가능성이 있다면 이것은 문제 해결의 차원이다. 하지만 나을 거라는 희망이 사라지고 죽음을 기다리는 상태라면 단순한 문제의 차원으로 생각해서는 안 된다. 죽음이라는 넓고 깊은 신비 앞에서 우리는 겸허해지는 것부터 시작해야 한다.

② 존재와 소유

누구나 어린 시절에는 '소유'라는 영역을 중요하게 생각한다. 나의 차, 나의 집, 사회적 지위 등을 갖고 싶어 한다. 열심히 일을 해서 자신의 소유를 늘려가는 것이 어떤 부분에서는 목표가 되는 경향도 있다. 하지만 삶의 경험이 쌓여가는 인생의 중년기를 지나면서 소유를 늘리는 것에 대한 집착보다는 '나는 누구인가'라는 '존재'의 측면을 더욱 중시해야 한다. 지금까지 더할 나위 없는 행복을 약속해준 외면적 가치는 상대적인 것에 불과하므로 노력의 중점을 내면적 가치로 바꿔야 한다. '무엇을 가질까'에서 '나는 어떤 사람인가'

로 방향의 중점을 바꾸는 삶의 방식, '소유보다는 존재'가 중요하다고 마르셀은 주장했다.

③ 내면을 향한 길

위의 '존재와 소유'의 연속적인 이야기다. 나이를 먹어감에 따라 자신의 내면으로 시야가 향하는 것이 중요해진다. 젊을 때의 우리는 오로지 외향적으로 행동하는 경우가 많았지만 나이가 들수록 자신의 내면을 살펴볼 필요가 있다. 그렇지 않으면 젊은 시절 행복했던 과거를 재현하려 옛 친구와 추억의 장소를 찾아도 공허한 마음뿐이라고 깨닫게 되기 때문이다. 그러므로 인간으로서 성숙되어감에 따라 '가치관의 재정립과 재평가'가 중요해지는 것이다. 그리고 노년기에는 평상심, 인내심, 남의 이야기를 경청하는 태도, 관대함, 희망, 배려 같은 내면적 가치를 발견해야 한다.

④ 희망과 철학

예를 들어, '프랑스에 있는 대학으로 유학가고 싶다.'는 희망을 갖는다면, 프랑스 유학을 '희망하는 것'은 어디까지나 수년 후에 일어날 일이다. 하지만 '희망하는 것'은 지금 이 순간에 할 수 있는 일이다. 마르셀은 '희망하는 것'의 중요함을 강조했다. 또한 그는 '일상적인 희망'과 '근원적인 희망'을 구분했다. 일상적 희망이란 '오늘은 날씨가 좋기를', '내일 시험에 합격하길'과 같은 것이다. 근원적 희망이란, 기본적으로 미래를 향한 희망이 가득 차 있는지 그렇지 않은지를 의미한다. 영원에 관한 희망도 그 안에 포함된다. 중년기부터 더욱더 중요해지는 것은 근원적 희망이다. 영어로 말하자면 'fundamental hope'로 평소에도 미래를 향해 희망을 갖는 것이 매우 중요하다.

⑤ 사랑과 죽음과 영원

마르셀은 어린 시절 어머니와 사별했다. 제1차 세계대전 중에는 전사한 병사에 대한 슬픈 소식을 그 가족들에게 전하는 일을 했다. 그리고 그의 아내도 이른 나이에 세상을 떠났다. 그의 인생은 항상 죽음의 영향을 받았다. 그 이후로 마르셀은 영원에 관한 희망에 관심을 갖게 되었다. "누군가를 사랑하게 되면 그 사람의 영원성을 희망하게 된다."고 마르셀은 말했다.

누군가를 사랑했더라도 '그 사람을 곁에 두고 싶다.'고 생각하는 것은 진정한 사랑이 아니라 자신의 고독을 달래기 위한 자기중심적인 욕구에 지나지 않는다. 상대방의 사정을 전혀 고려하지 않고, '뒷일은 어떻게 되든 상관없으니까 지금은 내 곁에 있어줘.'라고 생각한다면, 그것은 사랑이 아니라 어리광일 뿐이다. 자기만족을 위해 상대방을 이용하는 것에 지나지 않는다. 진심으로 상대방과의 영원을 희망하는 것인지 아닌지를 고민하는 것, 이것이야말로 내가 상대방을 사랑한다는 판단의 기준이 되지 않을까 생각한다.

이상으로 간결하게 다섯 가지의 포인트를 설명했다. 나는 마르셀에게 철학자의 사색 그 이상의 중요한 것을 가르침 받았다는 생각이 든다. ①의 '문제와 신비'는 내가 동생의 죽음과 할아버지의 죽음에 직면했을 때부터 계속해서 추구해온 의문에 대해 풍부한 사색을 통하여 그 해법을 찾게 해주었다. ②, ③, ④는 '제3의 인생'과 말기 케어를 생각하는 데 있어서 반드시 필요한 주제였다. ⑤의 '사랑과 죽음과 영원'은 생사학을 향한 나의 열정을 독려해주었다. 철학이라고 하면 난해의 대명사로 생각하는 경향이 있지만, 마르셀의 철학에는 우리가 일상생활에서 갖는 다양한 의문의 근본을 파헤치기 위한 힌트가 곳곳에 묻어 있다.

퀴블러 로스(Kübler-Ross)의 『죽음의 순간』

1926년 스위스에서 태어난 정신과 의사 엘리자베스 퀴블러 로스(Elizabeth Kübler-Ross)는 생사학의 선구자임과 동시에 말기 케어의 선구자이기도 하다. 『On Death and Dying』이라는 저서를 1969년 미국에서 출판하여 폭발적인 반응을 얻었다. 지금도 미국에서 찾는 사람들이 많은 '죽음'과 관련된 서적이다. 일본에서도 『죽음의 순간』이라는 제목으로 장기간 베스트셀러가 되었다. 퀴블러 로스는 말기 환자 200명과 만나 그들의 심리 상태를 연구하며 회생 가능성이 없다는 것을 알게 된 뒤 실제로 사망할 때까지의 과정을 5단계로 정리하여 환자의 심리 상태를 이해하기 위해 노력했다.

나도 내 강의에서 그녀의 선구자적인 연구에 대해 다루었다. 나는 그녀가 정리한 5단계 뒤에 여섯 번째 항목으로 '기대와 희망'의 단계를 추가했다. 나 또한 독일에서 잠시 동안 호스피스로 일했던 경험이 있었고, 뉴욕에서도 봉사활동을 하면서 수백 명이 죽음을 맞이하는 순간을 간호하며 지켜보았다. 이때 주로 그리스도교를 믿는 사람의 경우, 마지막 순간에 '재회를 향한 희망'을 안고 죽음을 맞이하는 것을 많이 보았기 때문이다. 퀴블러 로스와 나의 공동 작업이라고도 볼 수 있는 '죽음의 과정 6단계'에 대해서는 제3장에서 자세하게 설명하겠다. 그녀는 『죽음의 순간』을 써서 '죽음'이라는 터부를 깬 후, 미국의 성폭력 문제에 열정적으로 뛰어들었다.

1980년대 미국에서는 아이들이 어른에게 성폭력을 당하는 일이 속출했다. 하지만 이 시대에는 지금처럼 개방적으로 이 문제를 다루는 풍조가 없었다. '죽음'처럼 어두운 측면으로 금기시한 것이다. 성폭력을 경험한 아이들의 재활을 돕기 위해 그녀는 많은 세미나를 열었다. 매일같이 그녀 앞으로 수많은 편지들이 전해졌다. 아이의 죽음이나 부모의 죽음에 직면한 사람들과 성폭력 피해자들에게서 온 편지였다. 그녀는 그 편지 하나하나에 모두 정성스럽게 답장하고, 때로는 전화로 상담도 해줬다고 한다. 나는 『죽음의 순간』이후 일련의 저서를 통해 큰 영감을 받았을 뿐만 아니라, 그녀의 열정과 추진력에도 감명을 받았다.

그녀는 그 후에도 의료종사자, 특히 간호 교육의 중요성을 역설했고, 일 년 내내 정신없이 돌아다니며 말기 의료 워크숍을 개최했다. 그리고 에이즈, 성폭력과 같은 심각한 문제와 마주하며 그것을 '도전'이라 여기고, 홀로 '고군분투'했던 것이다. 내가 미국에 가면 그녀는 자주 나를 스위스풍의 산장으로 초대해서 수제 쿠키를 대접했고, 우리는 그 당시 하고 있는 연구에 관한 의견을 주고받았다. 나는 동시대를 살아가는 연구자로서 퀴블러 로스가 있다는 것을 마음속 깊이 자랑스럽게 생각했다.

열린 마음으로 자신과 만나다

여행자로서의 자기표현

인간은 영원한 여행자다. 가브리엘 마르셀도 그의 저서 『여행하는 인간』에서 인생이 여행이기 때문에 인간은 다이내믹한 존재가 될 수 있다고 강조했다. 나는 여행이라는 말에서 마음의 자유를 연상했다. 현재를 향한 집착을 끊고 새로운 곳을 향해 걸어가는 마음의 자유다. 여행을 하면 많은 사람들과 만나게 된다. 그러한 만남을 통해 인간의 시야도 한층 더 넓고 깊어진다.

괴테는 "마음이 있는 사람에게 인생 최고의 교육은 여행이다."

라고 말했다. 이 '마음이 있는'이라는 말을 '열린 마음'이라고 바꿔 말해도 틀린 말은 아니다. 여행 중에 이루어지는 다양한 만남을 열린 마음으로 바라본다는 것은 곧 자신과 만난다는 의미다.

여기에 혼자 기차를 타고 여행을 가려는 사람이 있다고 가정해 보자. 가장 가까운 역의 매표소로 가서 "그린 차[01]로 부탁합니다."라고 말하면, 직원은 "목적지는 어디입니까?"라고 물을 것이다. 그때 "어디로 갈지는 아직 정하지 않았습니다. 일단은 그린 차에 타려고 합니다."라고 대답하면 어떻게 될까.

직원이 곤란해 할 것이다. 목적지는 미정이지만 일단 그린 차에 타고 싶다. 즉, 이 여행자는 편안한 여행을 하고 싶다는 것이다. 인생의 여행에도 일단 '그린 차'와 비슷한 것을 추구하는 사람이 적지 않다. 애초에 인간은 편안한 그린 차로 여행을 하고 싶어 하는 존재다. 그건 그것대로 나쁘진 않지만, 그렇다면 '그린 차에 타서 대체 어디로 가고 싶은가'가 중요하다.

많은 사람들이 그 도착지에 대해서는 의외로 깊게 생각하지 않는다. 하지만 가고 싶은 장소를 정하지 않고 대체 어떻게 여행을 계획할 수 있을까. 엉터리로 계획된 여행은 종종 결과도 엉터리로 나타난다. 인생이라는 여행인데 목적지와 계획도 없이 가도 될까? 여

---

01 그린 차(グリーン車) : 일본 철도의 특별 객차(종전의 1등차. 녹색 마크가 있고, 이용 시 녹색 차 표가 필요하다).

러분 자신은 어디를 향해 여행을 하는가? 흔히들 말하는 '삶의 보람'이나 '인생의 의미'에 대해 고찰하며 여행에 대한 계획을 세워야 한다. 명확한 목적지를 설정하는 것이 중요하다는 것은 지극히 당연한 일이다. 여행자로서의 자기발견, 새로운 삶의 보람을 경험하는 것은 자신의 생각에 달려 있다.

특히 나이가 들면 더더욱 그렇다. 자신이 늙어서 더는 도움이 안 되는 존재라고, 폐를 끼치기만 하는 존재라고, 스스로 부정적인 이미지를 갖는 사람은 보람 있는 여생을 보내는 것이 어려울 것이다. 동시에 그것은 사회의 분위기와도 관련이 있다. 사회가 노인들을 간호의 대상으로만 본다면, 노인들은 스스로의 가치관과 삶의 보람을 잃게 된다. '귀한 아이는 여행을 시켜라.'라는 말이 있지만, 나이와는 상관없이 누구나 자립해서 자신의 인생이라는 여행길을 걸어가야 한다.

독일어로 삶의 보람이라는 의미의 'Lebenssinn'이라는 말이 있다. 여기에서 'sinn'의 어원은 '길 또는 여행'이라는 의미를 갖고 있다. 여행자로서의 인간상에 대해서는 동양 사상, 서양 사상과 그리스도교에도 고유한 해석이 있다. 서양 문학 작품에는 여행에 대한 이야기가 많다. 호메로스의 『오딧세이』, 단테의 『신곡』, 초서의 『칸타베리 이야기』 등이 대표적이다. 『신약성서』에도 예수는 여기저기 돌아다니며 복음을 전파했다고 나온다. 이러한 이야기를 읽는 것만으로도 인생의 여행에 대한 지혜를 많이 발견할 수 있을 것이다.

우리는 본래 여행자로서 목표를 향해 걸어가는 존재다. 하지만 '그린 차'의 예처럼 유감스럽게도 많은 젊은이들은 명확한 목표를 설정하고 있지 않다. 그저 좋은 직장에 취직하고 싶어 하고, 돈을 많이 벌고 싶어 하며, 눈앞에 있는 욕망을 좇아 배회하는 여행자이다. 배회만 하는 여행자는 이윽고 절망에 직면하게 된다. 원하는 직장에 취직하지 못하면 절망하고, 해고로 일자리를 잃게 되면 절망한다. 그게 전부일까? 내게 있어서 여행의 목표는 무엇인가? 이것이 정말 중요하다. 내가 인생의 목표를 명확하게 인식하게 된 데에는 어떤 계기가 있었다.

말기 환자와 함께 한 3시간

대학 시절 뮌헨에서 공부할 때의 일이다. 병원에서 봉사활동을 하던 어느 날 밤, 당직 의사가 말기 암 환자의 곁에 있어줄 수 없겠냐고 나에게 부탁했다.

"그에게는 친척이 없습니다. 아마 3시간 정도면 사망할 테니 그때까지만 곁에 있어주세요."

일본에서는 의사가 임종 환자를 돌보는 경우가 대부분이다. 하지만 독일에서는 의사가 병실에 있는 것은 그 전 단계까지다. '통증이 없도록'이라는 단계까지는 모든 노력을 아끼지 않지만, 그 이후에는 의사가 곁에 있을 필요가 없다고 판단한다. 그리고 임종할 때까지 가족이나 종교인만 함께 있는 경우가 많다. 만약 독일 병원에서 밤중에 환자가 죽음을 맞이하게 된다면 의사는 다음 날 아침에 와서 사망을 확인한다. 이런 일은 일본에서는 있을 수 없는 이야기다. 그 30대 남성 환자는 사회주의 국가에서 서독으로 망명한 사람이라 가족은 모두 동독에 남겨져 있었다. 서독에는 친척이나 가족이 없어서 그야말로 외톨이나 마찬가지였다. 그리고 죽음을 맞이하는 순간이었다.

나는 도대체 그를 위해 무엇을 하면 좋을지 알 수가 없었다. 물론 구원해주는 것도 불가능하고, 치료해주는 것도 불가능한 상황이다. 계속해서 고민했다. 대화를 하는 것이 가장 중요하다고 생각했지만 어떤 말을 해야 좋을지 알 수 없었기 때문이다. 일상생활에 대한 이야기, 정치에 대한 이야기, 텔레비전이나 신문의 뉴스에 대한 이야기, 스포츠 등 우리가 항상 말하는 주제는 앞으로 3시간밖에 남지 않은 사람에게 있어서 전혀 의미가 없는 이야기다. 인생의 마지막 순간에 무엇이 정말로 가치가 있고 소중한 것인지, 그가 흥미 있어 하는 주제는 무엇인지, 죽음을 눈앞에 둔 사람이 가장 편안하게 얘기할 수 있는 화제는 무엇인지, 인간에게 있어 영원성을 갖게 하는 가치는 무엇인지…. 나는 필사적으로 고민했다. 답이 나올 리가 없었다. 나는 어찌할 수 없는 무력감을 맛보았다.

그때 문득, 레코드 음반을 틀자는 생각이 들었다. 그의 의식은 또렷했고, 가톨릭 신앙을 갖고 있다는 것도 알았기 때문에 모차르트의 '레퀴엠'을 조용히 틀어놓기로 했다. 그 당시에는 음악요법이라는 말도 없던 시절이었다. 하지만 모차르트의 아름다운 선율이 환자의 마음을 온화하게 해줄지도 모르겠다는 생각이 들었다. 그도 '레퀴엠'에는 흥미를 보여주어 같이 기도하기로 했다. 필사적으로 고민한 끝에 도달한 결론이 '기도'라는 것은 당연한 것이라고 볼 수 있다. 온화한 얼굴로 '레퀴엠'을 듣는 그를 바라보며 그를 지탱해줄 수 있는 것은 기도밖에 없다고 확신했다. 동시에 이 환자와 함께 신에게 기도함으로써 나 또한 그 순간을 감당할 수 있었던 것이다.

그 일은 그때까지 내 인생에서 가장 긴 3시간이었다. 객관적으로 3시간밖에 안 되는 시간이었지만, 개인적으로는 엄청나게 긴, 끝나지 않을 것 같은 시간이었다. 인간의 삶과 죽음에 대해서 그 정도로 진지하게 생각했던 시간도 그때까지는 없었다. 서른다섯 살이라는 젊은 나이에 세상을 떠난 모차르트가 죽음에 이르렀을 때 작곡한 '레퀴엠'이라는 이 곡에는 곧 죽음을 맞이해야 한다는 슬픔이나 괴로움과 함께 죽음이 모든 것의 끝이 아니라 영원한 생명을 향한 희망이 생생하게 표현되어 있다.

'레퀴엠'이 조용히 흐르는 병실, 바야흐로 그 순간이었다. 나는 그 순간 '앞으로 생사학을 평생의 과제로 삼자.'고 결심했다. 말기 암 환자와 함께 한 3시간을 통해 내 인생이 결정되었다. 그야말로 '카이로스(결정적 순간)'였다. 처음으로 만난 말기 환자에게 인생의 숙제를 받은 것 같은 느낌이었다. 우리가 환자와 접할 때는 '환자에게 무엇을 해줄 수 있을까'를 생각하는 것이 보통이지만, 반대로 '죽어가는 환자에게 무엇을 배울 수 있을까'도 내게 있어서 중요한 주제 중 하나가 되었다. 이 순간도 내 인생에서 중요한 전기가 되었다. '죽음의 철학'은 나의 생애에 걸쳐 풀어나가야 할 연구과제이며, 생사학을 연구하는 것이 내 목표라고 확신했다.

최초의 저서 『제3의 인생』

인생의 여행에는 몇 가지 단계가 존재한다. 일본에서는 흔히 정년을 맞이했을 때 '제2의 인생을 즐기고 싶다.'는 표현을 쓴다. '인생 2단계설'이다. 하지만 일본 외의 나라, 특히 유럽이나 미국에서는 인생을 3단계로 나누어 생각하는 것이 당연하다고 인식되어 있다. 제1의 인생은 교육을 받아 자립할 때까지의 인생이다. 태어난 후로 많은 것들을 배우고 경험을 쌓으며 성숙한 어른이 될 때까지의 시간이다. 이 책으로 말하자면 제1장, 제2장에 해당한다. 제2의 인생은 사회인으로서 일하는 인생이다. 성인이 되어 자신의 능력, 적성을 최대한 발휘할 수 있는 직업을 갖고 열정적으로 일하는 시기다. 그리고 제3의 인생은 정년퇴직 이후의 인생이다. 나는 드디어 그 시기에 들어선 것이다.

뉴욕에서 대학원에 다니던 시절, 미국 잡지에 다양한 기사를 투고한 적이 있었다. 일찍이 독일 신문사에도 시를 투고한 적이 있었지만, 독일 매스컴은 문학적인 센스가 없는 건지 귀중한 나의 시들을 전부 퇴짜 놓았다. 그래서 그다음엔 모국어가 아닌 영어로 도전해봤다. 신기하게도 영어로 쓴 기사는 전부 게재되었다. '역시 미국 잡지는 문학적인 센스가 높구나' 하고 느꼈었다(허허허).

그중에서도 가장 반응이 컸던 기사는 「아메리카」라는 잡지에 실린 'Glowing old and how to coop with it'이라는 주제의 기사였다. 일본어로 번역하자면 '제3의 인생'을 의미한다. 얼마 후 많은 출판사들이 내게 연락을 취해왔다. 그 주제로 책을 한 권 내지 않겠냐는 제안이었다. 당시 나는 대학원생이었고, 영어가 모국어도 아니었기에 외국어로 책을 내는 것은 전혀 생각지도 못했던 일이었다. 하지만 많은 출판사들이 잇달아 같은 제안을 해왔다. 내 능력으로는 불가능한 일이라고 생각했지만, 출판사 측은 할 수 있다고 말해주었다. 나는 오래전부터 'Challenge and response(도전과 응전)'이라는 말을 좋아했기 때문에 이것이야말로 나에 대한 도전이라고 여기고 그렇다면 받아들이겠다고 생각했던 것이다. 박사 논문 집필도 잠시 중단하고 취재에 집중했다. 대학은 뉴욕이었지만, 그때는 시카고에 있었다. 가톨릭 수녀인 나의 고모가 시카고에 있는 양로원의 원장으로 있었기 때문이다. 마침 그녀의 초대도 있었고, 책을 집필하기에 앞서 실제로 어르신들을 만나볼 기회를 얻고 싶다는 생각도 있었다.

  시카고에서 매일 많은 어르신들과 같이 식사를 하고, 이야기도 나누면서 다양한 주제로 질문하며 들은 이야기들을 노트에 꼼꼼하게 적어두었다. 대학원생이었던 나는 노인으로서의 경험은 없었지만 양로원에서 어르신들의 삶의 방식이나 문제점에 대해 많은 것들을 배울 수 있었다. 인터뷰가 끝난 후 정말 열심히 집필을 했지만, 완성까지는 반년 정도가 걸렸다. 무엇보다도 내게 있어서 최초의 책이었고, 심지어 외국어로 집필해야 하는 어려움도 있었다. 셸러의 가치윤리학을 배우지 않았다면 아마 중간에 포기하고 순간적인 만족을 추구하며 맥주를 마시러 갔을 것이다. 책이 출판되었을 때 많은 분들께 좋은 반응을 얻었다. 여러 잡지와 신문에 서평이 실렸다. 감사하게도 외국에서 주문이 쇄도했다. 먼저 스페인어로 번역되어 책이 출판되었고, 다음에는 헝가리어, 그다음에는 프랑스어, 네덜란드어, 중국어, 한국어로 이어졌다. 복사본도 잔뜩 나왔다.

인도네시아에서 살고 있는 누님에게서 "이번에 책방에서 네가 쓴 책이 인도네시아어로 번역되어 나온 것을 발견했어."라는 편지를 받았을 땐 정말 놀랐다. 정말 아무 얘기도 못 들었고, 인도네시아 출판사에서 연락이 온 적도 없었다. 물론 10원도 받지 못했다(허허허). 결국 15개 국어로 번역되었을 정도로 베스트셀러가 되었다.

모국인 독일의 출판사에서도 연락이 왔다. 부디 독일어판도 써 달라는 요청이었다. 그 연락을 받았을 때는 마침 다른 책을 집필하느라 바빴었고, 젊었을 때 퇴짜를 당한 마음의 상처가 아직 남아있었기 때문에 독일 출판사에는 약간 비협조적인 태도를 취했었다. 그리고 나는 그쪽에서 알아서 독일인 번역자를 찾아달라고 답했다. 출판사가 번역자를 구해 독일어판 『제3의 인생』이 완성되었다. 하지만 가만히 생각해보면 참 웃긴 일이다. 독일인이 영어로 쓴 책을 번역자가 독일어로 고쳐서 출판한 것이니까 말이다. 독일어판에서 나에 대한 작가 소개는 '독일에서 태어난 독일인'이라고 적혀 있거늘, 어째서인지 역자명도 적혀 있는 것이다. 분명 독일의 독자들은 고개를 갸우뚱했으리라 생각한다.

보다 많은 '응원'을 보내자

사실은 『제3의 인생』을 출판했을 때 가장 감격스러웠던 것은 베스트셀러가 된 것이 아니라, 미국인이 보여준 멋진 '응원'이었다. 물론 출판사의 응원과 도전이 없었다면 내가 책을 낼 용기도 내지 못했을 것이다. 그리고 이 최초의 책이 없었다면 그 뒤로도 책을 쓸 용기를 갖지 못했을 것이라고 생각한다. 미국 문화의 멋진 점은 능숙한 '응원'이다. 일본에서의 '모난 돌이 정 맞는다.'는 말처럼 눈에 띄는 사람이 비난을 받는 경우가 많지만, 미국에서는 서로를 응원하고 칭찬한다. 선생님은 학생을 응원하고, 동급생끼리도 서로를 응원한다. 미국의 교육시스템은 엄격한 것으로 널리 알려져 있지만, 한편으로는 사람을 힘나게 응원하는 무척 멋진 구석이 있다.

「아메리카」 잡지에 내 기사가 실렸을 땐 미국도 노인 문제에 관심이 많아지던 시기였다. 미국은 젊은 나라이긴 했지만 그 시기에는 노인 인구도 늘어나 경제적인 부담, 보험 문제, 양로원 직원을 향한 비판 등이 속출하기 시작했다. 그래도 미국 사회는 압도적으로 젊은 층이 문화의 중심이었고 대중 매체에 등장하는 사람도 젊은 사람들뿐이었다. 하지만 실제로 뉴욕의 거리를 걸어보면 당연한 일이지만 어르신들도 많다는 것을 깨닫게 된다. 미국 사회의 위기는 반드시 가까운 시일 내에 온다고 느낀 나는 그 문제의식을 환기하고 싶어서 최초의 기사를 썼던 것이다. 학문적 글이 아니라 일반인을 대상으로 한 내용이었기에 내가 보고 들은 것들을 잘 생각하며 나름대로의 충고와 행복하게 늙기 위한 아이디어를 추가한 것이 적중했다고 생각한다. 막스 셸러의 영향을 받아 프랑스에서 연설했던 때와는 달리 미국인은 내 의견을 받아들여준 것이다.『제3의 인생』의 내용에 대해서는 제3장에서 다룰 생각이다.

여하튼 책 한 권을 통째로 집필했던 경험은 내게 있어서 귀중한 경험이었다. 하지만 첫 번째 도전을 성공하고 나니 새로운 도전을 하고 싶다는 마음이 용솟음쳤다. 박사 논문도 책으로 펴내서 세상에 질문을 던지고 싶다는 기분은 이렇게 해서 시작되었다. 그리고 박사 논문을 약간 수정한 후 책으로 냈는데, 이 책은 미국에서 윤리 부문 문학상을 수상했다.

꼭 여러분께도 추천하고 싶은 것이 있다. 부디 주변에 있는 아이들에게 창의력을 발휘해 무언가를 만드는 즐거움을 알려주길 바란다. 모두가 소설을 쓰지 않아도 괜찮다. 그 아이가 좋아하는 것이라면 회화, 음악 등 무엇이든 좋다. 스스로 창조하는 행위는 무척 커다란 기쁨으로 이어진다. 그리고 아이들이 그런 행위를 통해 자신감과 삶의 보람을 갖도록 흔쾌히 응원해주길 바란다. 미국에서의 '여행'은 멋진 만남과 응원이 가득했다. 지금도 진심으로 감사하고 있다. 동료가 서로를 응원하는 우정, 응원을 통해 함께 성장할 수 있다는 가능성을 알게 된 것은 이후 교육자로서의 내 생활 속에서도 중요한 주제가 되었다.

암 체험을 통해 얻은 것

아무리 목표가 정해진 여행이라고 하더라도, 그것이 여행인 이상 항상 위험과 맞선다. 아무리 계획을 잘 세워도, 아무리 편안한 여정일지라도 피할 수 없는 위기는 반드시 존재한다고 지금은 이렇게 적을 수 있는 나이지만 그 순간에는 그렇지 않았다. 피할 수 없는 위기는 반드시 존재한다는 것을 완전히 잊고 있었던 것이다. 여행자인 내게 최대의 위기가 다가온 것은 1995년 봄의 일이다. 죠치대학에서는 일 년에 두 번 건강검진을 실시한다. 그 검사에서는 전혀 이상이 없었지만, 우연히 다른 종류의 검사를 했을 때 그것을 발견했다. 바로 대장 종양이었다. 작은 종양은 바로 제거했다. 하지만 큰 종양은 오스트레일리아로 호스피스 시찰을 하는 동안, 대장의 세포진단(Cytodiagnosis)[01]을 의뢰해두었다.

내가 머물고 있던 호텔로 동경에서 주치의가 연락을 해왔다. 악

---

01 세포진단(Cytodiagnosis) : 세포를 광학 또는 위상차 현미경으로 검사하여 질병을 진단하는 방법. 주로 암 진단에 이용된다.

성 암세포를 발견했다는 전화였다. 주치의는 지금 바로 일본으로 돌아와 수술을 받는 것이 좋겠다고 권했다. 귀국하는 동안 내 기분은 무척 복잡했다. 죠치대학 가까이에 있는 도쿄여자의대에 매년 강의를 하러 가서 암 선고 방법, 말기 환자의 지원 등 의사와 의과 대학생, 간호사를 대상으로 많은 이야기를 했었다. 그런데 이번에는 내가 그 암 환자가 되어 나타나게 된 것이다. '꼴사나운 것에도 정도가 있지.' 하는 기분도 들었다. 그리고 솔직히 말하자면, 설마 내가 암에 걸릴 줄은 전혀 생각도 못하고 있었다. 그렇게나 많은 환자들과 이야기를 나눴으면서 나 자신은 그 대상이 아닐 거라는, 그런 근거도 없는 낙관적인 생각을 하고 있었던 것이다.

하지만 어쩔 수 없었다. 나는 도쿄여자의대 부속병원에 입원해 대장암 수술을 받기로 했다. 입원했을 때 나는 두 가지 큰 불안을 안고 있었다. 하나는 내 평생의 과제인 생사학 연구가 미완성이라는 점, 또 다른 하나는 반드시 해야 하는 구체적인 계획이 있었다는 점이다. 당시 책 두 권의 집필도 약속만 했을 뿐 전혀 완성되지 않은 상태였다. 나처럼 신부라서 가정을 이루지 못하고 신께 몸을 바친 사람이라고 하더라도 고독에 대한 불안을 느끼게 된다는 것을 알게 된 것도 커다란 발견이었다.

의료 관계자들은 '예를 들면, 암 환자들은 이런 종류의 일들을 걱정하지 않을까?'라는 유형의 생각을 하는 경향이 있지만 사실은 그렇지가 않다. 환자의 심리는 무척 개별적이다. 그저 무조건 오래 살고 싶다는 생각은 하지 않았지만 내 평생의 과제가 미완성인 채로 죽게 될지도 모른다는 사실이 마음을 괴롭혔다. 한편 의사는 전이의 유무를 알 수 없으니, 적어도 대장을 10cm는 절제해야겠다고 선언했다. 나는 더욱더 불안에 빠졌다. '여행자 데켄은 중도에 쓰러지는 거냐'라는 자포자기에 가까운 마음도 생겼다. 이것은 직접 체험해보지 않으면 알 수 없는 일이다. 환자인 내 마음은 의사와 간호사, 병리진단 선생님의 별것도 아닌 동작이나 표정에도 민감하게 반응했다. 환자는 아무리 사소한 일이라도 과잉반응과 불안을 느끼게 된다는 것을 몸소 체험했다.

링거주사는 조금도 맛있지 않다는 것을 알았다(허허허). 인간의 커다란 즐거움은 먹고 마시는 것이다. 먹는 것도, 마시는 것도 못하고, 링거만으로 생명의 끈을 이어나가는 것은 무척 슬픈 일이었다. 수술이 성공적으로 끝나고 완치가 된 지금, 당시의 심경을 떠올려보면 신기한 패러독스(Paradox)를 느끼게 된다. 다시는 암 선고를 받고 싶지 않다는 기분이 있는 한편, 그 경험이 있어 참 다행이라는 기분이다.

검진에서 시작해서 암이 있을 수도 있다는 진단을 받고, 암이 확진된 후 수술과 투병생활까지 약 4개월간 불안을 느낀 다양한 감정은 내 연구에 있어서 소중한 영감을 주었다. 암 환자와 만날 기회는 지금도 무척 많지만 내가 암 절제수술을 체험한 후에 같은 암 환자로서 많은 공감을 할 수 있게 되었다고 통감하고 있다. 책으로 알게 된 지식이나 머리로 생각하는 것과는 무언가 크게 다르다. 지금은 같은 체험을 한 덕분에 암 환자가 느끼는 괴로운 감정을 이해하고, 내 몸처럼 다가갈 수 있게 되었다고 생각한다. 이 모든 것은 내 인간적인 성장을 위해 꼭 필요했던 일인 것이다.

제3장

보다 편안한 죽음과 마주하기
생사학(生死學)이란?

죽음은 누구에게나 반드시 찾아온다. 인간은 100퍼센트 사망하니까. 자신의 죽음과 직면하게 되는 일도 있을 것이다. 소중한 친구가 죽는 일도 있을 것이다. 그럴 때 어떻게 하면 좋을까? 그럴 때를 위한 학문이 바로 생사학이다. 누구나 경험하는 것이니 어려운 것도 아니다. 그리고 '죽음'에 대해 배움으로써 동시에 삶의 소중함도 재발견하게 된다.

일본 적십자사 간부 간호사연구센터에서 강의 후에 찍은 사진.

나 자신답게 늙기 위하여

'죽음'을 회피하지 않고

지금까지 나의 '삶과 죽음'에 관련된 사건이나 만남들에 대해 이야기했다. 그 결과 생사학을 평생의 과제로 삼은 내가 여기에 있게 되었다는 것을 여러분도 모두 알게 되었다고 생각한다. 본 장에서는 생사학이 갖는 의미, 그리고 우리가 보다 좋은 '죽음'과 마주하기 위해서 대체 무엇을 하면 좋을지, 그리고 어떻게 하면 '죽음의 공포'에서 해방되어 자유롭게 살아갈 수 있는지에 대해 이야기하고자 한다. 이는 내 칠십 평생의 총결산이기도 하다.

생사학은 죽음과 관련된 주제를 종합적으로 엮은 학문이다. '죽음'은 그리스어로 '타나토스(Thanatos)'이며, 학문적 의미로 '타나톨로지(Thanatology)'라고 한다. '사학(死學)'이라 번역하는 것이 맞을지도 모르겠지만, 나는 일부러 생사학이라고 번역해서 사용하고 있다. 삶과 죽음은 어느 한쪽만 존재하는 것이 아니라 결코 떼려야 뗄 수 없는 동전의 양면이나 마찬가지기 때문이다.

인생에서 최대의 시련은 '죽음'과 직면하는 것이 아닐까. 20세기 독일의 유명한 철학자 하이데거(M. Heidegger)가 매우 적절한 정의를 내렸듯이, 인간은 모두 '죽음에의 존재(Sein zum Tode)'이며, 이 세상에 삶을 부여받은 순간부터 죽음을 향해 걸어가는 여행자인 것이다. 하지만 일본은 종전 후 오랫동안 '죽음'을 터부시하는 풍조가 강했다. 그래서 죽음에 관한 교육도 전혀 없었다. 앞에서도 말했듯이, 미국에서 귀국한 후에 내가 '죽음의 철학'을 개강하려 했을 때도 주위에서 말렸을 정도다. 하지만 생사학을 통해 '죽음'을 배우면 동시에 삶의 소중함도 발견할 수 있다.

죠치대학에서 오랫동안 '죽음의 철학'을 강의해왔지만 학생들의 죽음에 대한 적극적인 관심에 놀랐다. 또한 강연회를 통해 나타난 반응도 떠올려보면 생사학에 대한 사회구성원들의 잠재적 욕구가 일본에서도 크다는 것을 알 수 있었다. 죽음은 누구에게나 반드시 찾아온다. 인간은 100퍼센트 죽는다. 만약 '죽음'을 하찮게 여긴다면 오늘의 삶이나 지금 여기에 살고 있는 인간을 진정으로 이해하는 것은 불가능하다. 죽음이란 앞으로 일어날 문제가 아니라 지금 직면해야 하는 중요한 과제인 것이다.

중년기의 '8가지 위기'

대부분의 사람들이 정말로 생각하고 싶지 않지만, '죽음'이나 '늙음'은 갑작스럽게 찾아오는 것이 아니다. 중년기와 노년기를 뒤따라 조용하게 천천히 다가오는 존재다. 죽음은 인생이라는 여행을 계획 없이 떠나는 사람들에게는 어느 날 기습적으로 다가오는 것으로 생각될지 모르겠다. 하지만 잘 생각하며 인생을 걸어가는 사람에게 있어서는 멀리 보이던 것이 점점 다가오는 즉, 조금이라도 마음의 준비를 할 수 있는 상대인 것이다. 그렇다면 나답게 죽음을 맞이하기 위해서는 어떻게 해야 할까? 그건 바로 인생의 반환점을 지났을 즈음부터, 어떤 준비를 하면 좋을지를 인식하는 것이다.

준비의 첫걸음으로 우선 중년기의 '8가지 위험'에 대해서 설명하고자 한다. 중년이라는 말 속에는 어딘가 지친 인상이 포함된 것처럼 느껴진다. 직장과 가정에서 젊을 때부터 계속해서 열정적으로 달려왔기 때문에 인생의 중반에 와서 숨이 차오른 마라토너처럼 말이다. 중년기에 접어든 사람은 누구나 다 느끼는 심정을 생각나는 대로 열거해보자.

① 문득 깨닫자 어느새 인생의 반환점을 지나쳤다.
② 일이 전혀 즐겁지 않다.
③ 동료와 어울리는 것도 귀찮고, 아내나 아이들과의 시간도 즐겁지 않다.
④ 때때로 무엇을 위해 살고 있는 건지 모를 때가 있다.
⑤ 별것 아닌 일에도 금방 끙끙 앓게 된다.
⑥ 젊을 때처럼 의욕이 샘솟지 않는다.
⑦ 상사나 동기의 장례식에 참석하는 일이 많아졌다.
⑧ 코미디 영화를 보더라도 솔직하게 웃을 수가 없다.

흔히 듣게 되는 말들이다. 누구나 한 번쯤은 느낀 적이 있는 일이 아닐까. 만약 그렇다면 '중년기의 위험'이 여러분에게도 조용히 다가오고 있는 것이다.

실은 위에서 말한 8가지 항목은 중년기 특유의 '8가지 위기'의 전형적인 모습이다. 건강하고 행복한 '제3의 인생'과 '좋은 죽음'을 맞이하기 위해서 중년기를 어떻게 보내는가 하는 것이 무척 중요하다. 중년기의 위기를 잘 대처해 나가면, 훗날 커다란 문제가 일어나기 쉬운 일들을 편안하게 극복할 수 있게 된다. 중년기의 '위기'에 대해 지식과 의지로 '응전'하는 자세가 필요하다. '8가지 위기'란 무엇인가? 우선 이것을 제대로 알아두는 것부터 시작하자. 적을 알고 나를 알면 위태롭지 않다. 아래에서 자세하게 생각해보자.

① 시간의식의 위기

젊을 때는 누구나 시간이 많고 인생도 길다고 생각한다. 여유가 있는 셈이다. 여름방학이 막 시작된 초등학생의 심정과 비슷할지 모르겠다. 하지만 중년기에 들어서면 어느 날 갑자기 인생의 반이 벌써 지나갔다는 것을 깨닫고 아연실색하는 사람이 많다. 여름방학이 얼마 남지 않았을 때 산처럼 쌓여있는 숙제에 머리를 쥐어 싸매는 초등학생처럼 말이다.

알고 있듯이, 일본인의 평균 수명은 세계에서 가장 길다. 2002년 현재 남성은 78.32세, 여성은 85.23세까지 장수한다. 다이쇼 10년(1921년)에는 남성이 42.1세, 여성이 43.2세였다. 고작 80년 정도밖에 안 되는 기간에 수명이 계속 늘어나 현재 일본 남성은 독일 남성보다 장수하고 있다. 나는 40년대 말에 일본으로 건너왔으니 장수의 은혜를 받을 것 같다. 일본에 와서 정말 다행이라고 생각한다(허허허).

그건 그렇고 일본에서 현저하게 나타나는 현상 중 하나는 남녀

간 평균 수명의 차이가 커지고 있다는 점이다. 다이쇼 시대에는 고작 1년밖에 차이가 없었지만, 지금은 7년이나 차이가 나고 있다. 여성이 남성보다 건강하게 장수하고 있다. 이처럼 평균 수명이 놀라울 정도로 늘어남에 따라 중년기의 개념도 바뀌는 셈이다. 대체 중년기란 몇 살부터 몇 살까지를 나타내고 있는 걸까?

나이는 마흔 살을 바라보고, 지금부터 설명할 여러 위기들이 나에게도 해당된다고 생각될 때면 중년기로 봐도 좋다. 다이쇼 시대에는 마흔 살이라고 하면 앞으로의 여생이 얼마 남지 않았다고 여겨졌지만, 지금은 아직 한창 살아갈 날이 남아 있고, 의미 있는 일을 시작할 시간은 충분히 남아있다고 생각되는 나이다. 하지만 한편으로 마흔 살이 되면 인생의 반환점을 지났다는 느낌을 갖게 한다. 자신의 인생을 되돌아보고 젊은 시절에 그려왔던 꿈과 실제로 이룬 것이 큰 차이가 있거나 시간이 얼마 남지 않았다는 것을 생각하며 패닉에 빠지는 사람도 적지 않다. 중년기라는 것은 이러한 시간에 대한 의식의 변화를 인생에 있어서 하나의 도전이라고 보고, 적극적으로 응전하는 태도가 필요한 시기라고 생각한다.

시간에는 객관적인 시간과 주관적인 시간 두 종류가 있다. 좋아하는 사람과 함께 보내는 두 시간은 순식간에 지나간다. 즐거운 일에 흠뻑 빠져있는 시간은 주관적으로는 무척 짧게 느껴진다. 하지만 소나기에 흠뻑 젖어 버스를 기다리는 시간은 30분밖에 안 된다고 하더라도 무척 길게 느껴진다. 시간은 객관적으로 잴 수 있는 것뿐만 아니라 자신의 감각으로 느끼는 주관적인 요소도 강하다. 이러한 차이를 확실하게 인식하고 보다 나은 방식의 삶으로 이끄는 것이 중년기부터의 시간에 대한 의식의 혁명이다.

나는 매년 유럽이나 미국의 호스피스 시찰 투어 코디네이터로서 여러 곳의 호스피스를 돌아보고 있다. 또한 개인적인 연수를 위해 요양원 몇 곳에서 상담사로 일하기도 했다. 호스피스에 들어가는 사람은 여생이 6주 정도밖에 남지 않은 사람이 대부분으로 젊은 말기 암 환자도 많다. 나는 호스피스에서 시간에 대한 중요성을 다시 한 번 느꼈다. 많은 환자들은 자신의 수명이 앞으로 6주밖에 남지 않았다는 것을 알면서도 건강하고 창조적인 생활을 하고 있었다. 시를 짓거나 그림을 그리거나 자신이 살아온 발자취를 남기기 위해 열중하고 있었다. 남겨진 시간이 제한되어 있기 때문에 그 귀중한 시간을 의미 있게 사용하려고 하는 자세에 나도 깊은 감동을 받았다.

앞에서도 언급했지만, 그리스어에서는 시간의 개념을 크로노스와 카이로스로 구별한다. 크로노스는 강물이 흘러가듯이 지나가는 일상적인 시간을 의미하지만, 카이로스는 두 번 다시 오지 않는 결정적인 순간을 말한다. 인간으로서 한 단계 성장할 수 있는 그야말로 깊이 있고 인간적인 만남도 이 카이로스에서 생겨난다. 지금까지 시간에 대해 갖고 있던 의식을 개혁하고, 스스로 인생의 카이로스에 대해 주저하지 않고 앞으로 나아간다면 이것이 바로 제1의 시간의식의 위기와 도전을 대하는 좋은 자세가 아닐까.

② 역할의식의 위기

몇 년 전 여름, 나는 오랜만에 내가 태어난 고향인 북 독일 마을로 돌아갔다. 마침 내가 졸업한 고등학교가 창립 75주년을 맞이하여 축하 행사가 열렸는데, 나에게 기념 강연을 해줄 수 있느냐는 요청이 들어왔다. 그곳에서 많은 친구들과 은사들을 다시 만났다. 그 중 동급생이었던 여성 한 명은 내과의사가 되어 바쁘게 살고 있었다. 나는 살짝 놀랐다. 그녀는 학교를 졸업한 뒤 바로 결혼해 아이도 셋이나 낳았다고 들었기 때문이다. 그녀는 세 자녀를 훌륭하게 키워 각자의 길로 떠나보냈다. 그리고 자녀들이 모두 독립하고 부부 둘만의 생활로 돌아간 어느 날 밤, 자신의 결심을 남편에게 말했다고 한다.

"나는 결혼해서 30년 넘게 주부로 일해왔어요. 당신도 이제 정년이네요. 당신은 원예와 요리를 좋아하는데 일이 바빠서 취미에 몰두할 시간이 없었지요? 앞으로는 역할분담을 바꾸도록 해요. 당신은 집 안에서, 나는 집 밖에서 일해 봐요. 나는 의학부에 들어가 공부를 시작하려고 해요. 의사가 되어 보다 사회에 공헌할 수 있는 직업을 갖고 싶어요."

그렇게 자신의 생각을 말했을 때 깜짝 놀라는 남편의 얼굴을 상상해보자.

그녀의 남편은 고등학교 교사였지만, 아내의 의견을 받아들여 정년퇴직한 후 주부가 되어 집안일에 전념하고 있다. 그의 아내는 몇 년 뒤에 의사 자격증을 따고, 마을에서 평판 좋은 의사로 활약하고 있다. 이런 일은 40년 전에는 상상도 할 수 없었던 일이다. '인간은 사회적 동물이다.'라는 아리스토텔레스의 말처럼 많은 사람들은 중년기까지 사회적으로 하나의 역할을 다한다. 남성은 자신의 역할을 다하는 직업인이 되는 경우가 많을 것이다. 20대에 취업한 직업이 성숙기를 맞이해 흔히들 말하는 한창 일할 시기가 된다. 결혼해서 가정을 꾸린 여성이라면 자녀가 대학생이 되거나 독립을 해서 자녀 양육도 일단락한 시기다. 자녀 양육이 끝났을 때, 아직 40년은 더 남은 자신의 인생 후반기를 어떻게 보내면 좋을지 ─ 지금까지 그래왔던 것처럼 살 것인가, 무언가 새로운 가치관을 바탕으로 살 것인가 ─ 이는 중년기를 맞이하는 하나의 커다란 위기임과 동시에 도전이다. 주부에서 의사로 전직한 예는 위기에 대처하는 위대한 응전이었던 것이다.

현대는 중년기, 노년기로 나이가 들어감에 따라 다시 새로운 역할의식을 탐색할 필요가 있는 시대이다. 이미 정해진 역할의식을 고집하는 것이 아니라, 이 위기의 도전에 정면으로 응전해나간다면 이는 새로운 삶의 보람으로 이어지게 된다. 누구나 건강하게 장수하고 싶다고 생각하지만, 삶의 보람이라는 측면에서 본다면 그냥 오래 사는 것보다는 얼마나 의미 있는 인생을 보내느냐가 더욱 중요하기 때문이다.

③ 대인관계의 위기

중년기가 되어 대인관계가 원활하지 않게 되는 경험은 누구나 갖고 있다. 오래된 고무호스가 탄력을 잃은 것처럼 인간도 나이를 먹어감에 따라 필연적으로 협력성이나 유연성을 잃어가기 때문일지도 모르겠다. 천성적으로 완고한 성격이 더욱 완고해졌다는 사람도 많다. 인생의 반려자인 부부 사이에서도 같은 위기가 있을 수 있다. 현재 전 세계에서 중년기 이혼율이 급격하게 높아지고 있다. 특히 러시아와 미국이 무척 높은 수치를 보인다고 한다. 이 또한 중년기 특유의 대인관계 위기 중 하나로 나타난 현상이다. 타인과의 협력이 내키지 않게 되고, 이윽고 고독에 가까운 상태에 빠지는 것도 드문 일이 아니다. 외톨이가 되는 것도 무척 괴로운 상황이지만, 무엇보다 가족과 함께 있으면서도 어울릴 수 없는 고독한 상황이 더 심각하다. 흔히 '가정 내 이혼, 가정 내 별거'라 불리는 상황이다.

헤르만 헤세의 시 중에 「안개 속에서」라는 작품이 있다.

안개 속을 거니는 것은 참으로 신기하다.
모든 나무와 돌이 외롭다.
어떤 나무도 주위를 보지 못하고
모두 다 혼자이다.

아직 내 인생에 빛이 가득했을 때
내게 세상은 친구들로 가득했다.
지금 안개가 피어올라
더는 아무도 보이지 않는다.

참으로 어둠을 모르는 사람 중에
현인은 없다.
어둠에서 도망치긴 어렵고, 살며시 다가와
모든 것으로부터 그들을 갈라놓는다.

안개 속을 거니는 것은 참으로 신기하다.
산다는 것은 고독한 것
사람은 모두 다른 사람을 알지 못하고
누구나 다 혼자이다.

― 「안개 속에서」

이 시에서는 중년기의 고독에 대한 심정을 절절하게 표현하고 있다.

우리는 살아가는 동안 매일 다양한 만남을 체험한다. 젊을 때에는 상대방의 사회적 지위나 이용 가치 등을 잣대로 하는 기능적인 접근 방법으로 타인을 평가하는 경향이 있다. 예를 들어, 책을 구입하는 경우 책방의 직원은 '책을 판다'는 기능만 잘하면 그 사람의 인격 같은 것은 어떻든 상관이 없다. 이는 컴퓨터를 사용하는 경우와 비슷한 접근 방법으로 본래 기계에나 쓰일 표현을 무의식적으로 인간관계에도 적용시켜버리는 셈이다. 젊은 사람들은 흔히 '그는 쓸모없는 사람이야.'와 같은 표현을 쓴다. 이것이야말로 인간을 파악하는 기능적 접근 방법의 전형이다.

하지만 중년기가 되면 점차 기능적 접근 방법의 얕은 깊이와 무미건조함을 깨닫고 정말로 깊은 접근 방법 즉, '인격적 접근'을 추구하게 된다. '이 사람과 만난다.'는 것은 '이 사람'에 목적을 두는 것이 아니라, 만나는 것 자체가 전부가 되는 것이다. 우리는 다른 사람을 자신을 위해 이용하는 것이 아니라, 그 사람의 인격과 보다 깊게 만나기 위한 접근 방법을 추구해야 한다. 이는 진솔한 우정을 키우는 것과도 연관이 있다고 생각한다.

④ 가치관의 위기

젊은 시절에는 직장에서 업적을 올리는 것이나 지위의 획득, 재산의 확보에 커다란 가치를 두는 경향이 있다. 다른 사람을 넘어뜨려서라도 목적을 향해 달려가는 것이 머릿속에 가득 찬 시기이기도 하다. 또한 이러한 태도가 사회적으로 좋은 평가를 받기도 한다. 하지만 열심히 노력해서 어떤 목표에 도달하게 되면 만족감과 함께 일종의 허무를 느끼는 사람도 적지 않을 것이다. 이전까지의 가치관으로는 만족하지 못하는 자신을 깨닫는 순간이다. 이 가치관의 위기도 인생의 도전 중 하나다. 중년기부터 이 도전에 대한 효과적인 응전과 행보가 바로 '가치관의 정립과 재평가'이다. 가치관은 시대와 지위에 따라 달라지는 것이 당연하다. 중년기 이후에는 때때로 자신의 가치관을 회상하며 인생의 진정한 목적은 무엇인가에 대해 다시 고찰해볼 필요가 있다.

예를 들어, 지금 일본에서는 개인의 가정생활보다 기업의 이윤추구가 우선시되는 경향이 있지만, 독일과 일본은 완전 정반대다. 나의 남동생은 고향에서 작은 회사를 경영하고 있다. 아이도 넷이나 있는 평범한 가정이지만, 그 생활을 들여다보면 일본과 전혀 달라 깜짝 놀란다. 직원들은 저녁 5시가 되면 모두 집으로 돌아간다. 아무리 일이 많이 쌓여 있어도 잔업은 하지 않는다. 다음 날 아침 8시부터 다시 시작하면 된다고 생각한다. 물론 잔업을 하면 돈은 더 벌

수 있다. 그렇지만 가족이 모두 모여 함께 저녁을 먹는 것을 더 중요하게 여긴다. 생활을 위해서는 돈이 필요하지만 가정을 희생해서까지 추구하지는 않는다. '인생은 항상 개인의 생활을 중심으로 생각하고 싶다.'는 것이 독일인 대부분의 가치관이다.

이처럼 인간의 가치관은 저마다 다르다. 그리고 중년기부터는 지금까지 가져왔던 자신의 가치관을 돌아보고 다시 생각해보는 것이 하나의 중요한 과제이다. 그것을 위해서는 현재 자신이 중요하게 생각하는 10가지 항목을 떠올리고, 우선순위를 붙여보는 것도 하나의 방법이다. 예를 들어, 40대 샐러리맨 남성이 다음과 같은 10가지 항목을 들었다고 해보자.

1. 가정의 화목
2. 자신의 건강
3. 가족의 건강
4. 일
5. 자녀의 진학
6. 저축
7. 골프
8. 세계 평화
9. 국가 경제의 부흥

10. 신차의 구입

항목을 다 적었으면 자신이 일주일 동안 이러한 가치들을 위해 얼마나 시간을 투자했는지 떠올려 보는 것이다.

샐러리맨이 가장 크게 가치를 둔 '가정의 화목', 이것을 위해 그는 무엇을 했을까? 휴일에 가족 모두가 함께하는 하이킹을 계획했을까? 자녀들이 평소 학교에서 어떻게 생활하는지 자세하게 들어보고, 가족이 다 함께 토론하는 기회를 만든 것일까? 가족과 함께 산책하거나 대화하는 시간이 골프에 소비하는 시간보다 적었다면, '가정의 화목'을 1위로 든 것은 틀렸다는 의미이다. 1위는 골프다. 하지만 그것이 좋은 걸까? 자신이 1위라고 생각한 '가정의 화목'이라는 가치를 다시 최우선으로 끌어올리기 위해서는 지금까지 살아온 생활방식을 바꿀 필요가 있는 것이 아닐까? 만약 점심도, 저녁도 소홀히 하고 일에만 몰두한 일주일이었다면 그 주의 가치 순위는 자신의 이상과 꽤나 거리가 먼 것이었다는 의미다.

이처럼 일 년에 몇 번 정도라도 자신의 가치관을 재평가하고 새로운 라이프 스타일을 창조해 가는 것은 무척이나 유익한 일이다. 특히 중년기에 나타나는 가치관의 위기를 극복하는 데 무척 효과적인 방법이라고 생각한다. 여러분도 꼭 실천해보시길 바란다.

⑤ 번민하는 위기

나이가 들어가면서 어느 순간 자신의 몸이 생각대로 움직여지지 않게 되면 자칫 괜한 불안과 번민이 늘어난다. 아침부터 밤까지 건강이나 미래에 대한 불안으로 이래저래 고민하게 된다. 이것이 '번민하는 위기'다. 따라서 귀중한 정신적 에너지를 점점 소모하는 것이다. 이 위기의 도전에서 중요한 것은 자신이 통제할 수 있는 것과 혼자서는 어찌할 도리가 없는 것을 확실하게 구분할 수 있는 것이다. '자신이 할 수 있는 것이라면 최고지만, 그렇지 않은 것에 대해서는 번민하지 말자.' 이것이 내 인생의 원칙이다. 내일 날씨에 따라 일희일비하는 사람도 있는 듯하지만, 날씨에 대한 내 자세는 '맑아도 아멘, 비가 내려도 할렐루야!'다.

가톨릭에는 중세부터 계속된 '희망의 기도'가 있다. '신이시여, 부디 내게 바꿀 수 없는 것은 그대로 받아들일 수 있는 평정심과 바꿀 수 있는 것은 바로 그것을 행할 수 있는 용기, 그리고 그것들을 구분할 수 있는 지혜를 주소서.'라는 기도이다. 대다수의 사람들은 자신의 힘으로는 어떻게 할 수가 없는 것에 계속 끙끙대며 고민한다. 우리가 고뇌하는 것들 중 95퍼센트가 불필요한 걱정이라 해도 과언이 아니다. 그런 것들로 쓸데없이 소모되는 에너지를 생각해보라. 불필요한 번민에서 해방되는 것만으로도 얼마나 큰 에너지를 자신의 충실한 인생을 위해 사용할 수 있게 될지.『신약성서』의 무수한 설교는 예수가 아름다운 말로 권면하는 것이다. '…번민하지 말라. …하늘을 나는 새를 보아라. …들판에 핀 꽃이 어떻게 자라는지 살펴보아라. …내일 일은 내일 고민하라. 그날의 노고는 그날만으로도 충분하다(마태복음 6장 25-34절).'

평생을 이러한 정신으로 살았던 아시시(Assisi)의 성 프란체스코(St. Francesco)처럼 우리도 한정된 에너지를 매일매일 적극적으로 활용하여 살아갈 수 있으면 좋겠다고 생각한다. 이것이 번민하는 위기의 도전에 우리가 대처하는 무엇보다 효과적인 응전 방법이라고 생각한다. '도전과 응전'에 대해서는 뒤에 '보람된 삶의 탐구'에서 보다 자세히 다루도록 하겠다.

⑥ 평범한 인생의 위기

중년기 이후 우리의 인생은 매일 같은 일상을 반복하게 되는 경향이 있다. 일도 가정도 판에 박힌 것처럼 평범한 생활이 이어지게 되며 점차 사는 의욕이나 기쁨을 느끼지 못하게 된다. 안정된 일상은 이윽고 권태와 나태를 느끼게 할 위험성도 있으며 이것이 자신의 한계가 아닌가 하는 무기력한 생각이 들면 포기하게 될 수도 있다. 이 또한 중년기에 만나는 위험 중 하나다. 이 위기에 응전하기 위해서는 자신의 잠재력(Human potential)을 개발하는 것이 중요하다.

여러분은 자신의 잠재력을 몇 퍼센트나 개발했다고 생각하는가? 대부분은 자신이 갖고 있는 창조적 능력을 충분히 발휘하고 있지 않다. 이것에는 다양한 설이 존재한다.

스위스의 심리학자 융(C. G. Jung)은 "평범한 사람들 대부분은 자신의 잠재 능력을 50퍼센트 정도만 개발하고 나머지 반은 내버려둔다."라고 꽤 낙천적인 의견을 보였다. 하지만 미국 학자들은 매우 인색한 견해를 보였다.

심리학자 윌리엄 제임스(William James)는 "나는 지금까지 자신의 잠재 능력을 10퍼센트 이상 발휘하고 있는 사람과 만나본 적이 없다."고 말했다. 그와 같은 미국의 사회인류학자 마거릿 미드(Margaret Mead)는 평균 6퍼센트밖에 발휘하지 못하고 있다고 말했으며, 심리학자 오토 랭크(Otto Rank)는 5퍼센트가 보통이라고 주장했다. 누구의 말이든 사람들 대부분이 잠재 능력을 거의 개발하지 않은 채로 생활하고 있다고 주장했다.

이 잠재 능력의 가능성을 개발하는 것이 평범한 인생의 위기를 극복하는 데 가장 좋은 응전 방법이다. ②의 '역할의식의 위기'에서 예로 든 동급생 여의사는 잠재 능력을 훌륭하게 개발한 좋은 사례라고 볼 수 있다. 40대 후반이란 나이에 열정적으로 공부를 해서 여의사가 되었으니 여러분도 무엇이든 하면 되는 것이다. 인생의 위기적 상황이라는 것은 어떤 의미로는 우리의 잠재 능력에 대한 도전으로 볼 수 있다. 도전에는 응전을 해야 한다. 평범한 일상의 반복에 질렸다면 그 마음이 새로운 다음 국면으로 넘어가기 위한 도전의 시작이라고 보고 자신의 잠재 능력을 개발하는 계기로 삼으라. '그런 건 못해'처럼 스스로 자신에게 한계를 부여하지 말고 무엇이든 도전하는 적극성이 중요하다.

⑦ 죽음에 직면하는 위기

중년기에 접어들면 젊음에 대한 자신감에 상처를 입는 불쾌한 경험을 맛보게 되는 경우가 많아진다. 삐거덕거리며 허리를 펴거나 피로가 항상 사라지지 않는 등 젊었을 때의 생생한 생동감이 점점 멀어지는 것을 자각하게 된다. 즉, 자신은 점점 '죽음'에 다가가고 있는 것이라고 새삼 깨닫게 되는 것이다. 동시에 회사의 상사, 가족이나 친구 등 지인의 죽음과 마주하는 일도 늘어난다.

나는 이 위기를 두 개의 측면에서 생각해보고자 한다. 하나는 자기 자신의 죽음에, 또 다른 하나는 가까운 사람의 죽음에 직면하는 것이다. 먼저 가까운 사람의 죽음에 직면하는 위기에 대해 생각해보자. 언젠가 반드시 겪는 사랑하는 가족이나 친구의 죽음에 의해 우리는 진정한 비탄의 과정을 맛보게 된다. 특히 배우자를 잃은 경험은 중·노년기에 겪게 되는 최대의 위기이며, 가혹한 도전이다. 비탄의 과정이란 프로이트(S. Freud)가 '비탄의 작용(Trauerafeit)'

이라고 이름 붙였듯이 시간을 들여 해결해야 하는 인생의 중요한 과제다. 이를 극복하는 데 쉬운 방법은 없다. 비탄의 프로세스에 대해서는 미리 교육을 받고 마음의 준비를 해두는 것이 유익하다. 자신을 위해서 뿐만 아니라 비탄의 과정에 대한 충분한 이해를 통해 주위 사람의 회복까지 도와줄 수 있어 매우 유용하다. 비탄 교육(Grief education)이란 가까운 사람이 죽음에 직면했을 때를 위한 최선의 응전 수단이다. 상세한 내용에 대해서는 뒤에서 구체적으로 설명하도록 하겠다.

다음으로 자기 자신의 죽음에 직면하는 위기에 대해서 생각해보자. 중세 유럽에서는 『죽음의 예술』이라는 제목의 책이 많이 출판되었다. 죽음은 배워야 할 예술의 하나라고 인식되었던 것이다. 하지만 20세기로 들어선 뒤 세계적으로 급속하게 진행된 죽음의 금기화로 인해 죽음은 꺼려야 하는 대상으로 여겨져 사회에서 멀어지게 되었다. 이는 전쟁으로 인해 비참한 죽음을 수없이 체험한 사람들이 죽음에 대해 말하지 않으려고 했기 때문이다. 또한 의료기술의 발전이 죽음을 패배로 여기는 풍조를 더했기 때문이라는 측면도 있다. 그 결과 우리는 죽음에 대해 공개적으로 언급하지 못하게 되었고, 마음의 준비를 할 기회도 잃게 되었다.

나는 지금 죽음에 대해 배울 필요성을 이전보다 더 통감하고 있다. 유럽은 요즘 20년 사이에 죽음을 터부시하는 사회풍조에 도전하여 인간의 삶과 죽음을 회피하지 말고 정면으로 부딪히자는 움직임이 활발해지고, '죽음에의 준비교육'이 활발해졌다. 일본에서도 최근 수년간 사회의식의 변화가 두드러졌다. 나는 1986년이 일본 문화 역사에 있어서 하나의 터닝 포인트가 된 해라고 생각한다. 일본도 1986년을 경계로 죽음을 터부시하는 시대에서 '죽음에의 준비교육'의 시대로 변화하는 커다란 전환기를 맞이했다. '죽음에의 준비교육'과 그 분야 중 하나인 '비탄 교육'은 생사학의 중요한 주제이기에 두 가지 모두 뒤에서 자세하게 다루도록 하겠다.

⑧ 지나치게 진지해지는 위기

하여튼 중년기부터는 지나치게 진지해지는 사람이 많은 것 같다. 진지한 것 자체는 결코 나쁜 것이 아니다. 하지만 지나친 것에 대해서는 다시 한 번 생각해볼 필요가 있다. 그대로 나이를 먹어 가면 딱딱하고 재미없는 '진지충(盡智蟲)'이 되어버린다. 특히 사회적 지위가 높은 어르신들 중 전혀 웃지 않는 사람들이 많은 것 같다.

예전에 어느 사장 그룹이 모인 자리에서 강연을 했었다. 하지만 내가 아무리 재밌는 얘기를 해도 전혀 반응이 없었다. 피식하고 웃는 소리조차 없었다. 강연 후 대기실에서 내가 약간 낙담해 있자 주최자 중 한 사람이 정말 죄송하다는 듯이 "우리는 군대에서 조금이라도 웃으면 안 된다는 교육을 받았습니다. 아직도 그 버릇을 버리지 못했습니다."라고 내게 사과를 했다.

지나치게 진지해지는 위기를 극복하기 위해 나는 꼭 풍부한 유머감각을 갖추기를 권유한다. 유머는 사람이 사람답게 살기 위해 꼭 필요한 조건이다. '유머 철학'은 내게 있어서 또 하나의 평생의 과제이기에 제4장에서 다시 다루도록 하겠다.

이상 '8가지 위기'에 대해 알아보았다. 느리고 빠름의 차이는 있을지언정 누구에게나 중년기 위기는 반드시 찾아온다. 하지만 그것이 어떤 특성을 갖고 있는 것인지를 미리 알고 있다면 적극적으로 응전하는 것도 가능하다. 인간은 계속해서 변화하는 존재다. 중년기의 위기와 새로운 라이프 사이클을 향해 자신의 내면에 잠재되어 있는 가능성을 개발하고, 창조적인 사고방식을 갖기 위한 귀중한 기회라고 볼 수 있다. 이 기회를 살릴지 놓칠지는 모두 당신에게 달려 있다.

풍요로운 노후를 보내기 위해

중년기의 위기를 극복하면 드디어 '제3의 인생'을 맞이하게 된다. 풍요로운 노후를 맞이하기 위해 무엇을 어떻게 해야 할지 생각해보자. 중년기의 '8가지 위기'에서도 시간에 대한 의식의 위기에 대해 언급했지만, 제3의 인생을 맞이하는 단계에선 정말로 시간에 대한 의식을 개혁하는 것의 중요함을 인식해야 한다.

사람에게는 세 가지 연령이 있다고 생각한다. 바로 생활 연령, 생리 연령, 심리 연령이 그것이다. 생일이 되면 반드시 나이를 먹는 것처럼 달력 위의 생활 연령은 바꿀 수 없다. 누구에게나 평등하게 다가오는 연령이다. 생리 연령은 자신의 건강 상태에 따라 달라진다. 건강을 잘 관리한 사람은 나이가 들어도 건강하다. 하지만 젊을 때부터 폭음, 과식, 운동 부족 등 불규칙한 생활을 하는 사람의 생리 연령은 금방 나쁜 상태로 접어든다. 즉, 생리 연령은 어느 정도 컨트롤이 가능하다는 것을 의미한다. 무엇보다 중요한 것이 바로 심리 연령이다. 심리 연령은 자신의 마음가짐에 따라 생활 연령이나 생리 연령과는 무관하게 아무리 나이가 들어도 젊음을 유지할 수 있기 때문이다. 심리 연령은 스스로 선택할 수 있는 연령이다. 생활 연령은 80~90세에도 마음속에서 청년처럼 젊음이 넘치는 사람으로 세이루카 국제병원(聖路加國際病院)의 히노하라 시게아키(日野原重明) 선생처럼 무척 많은 분들이 있다.

이러한 인생 대선배들의 삶의 방식을 보고 겸손한 마음으로 배우며 우리도 우리 나름대로 '제3의 인생'을 천천히 걸어가 보자. 오늘 하루는 소중한 날이다. 오늘이라는 날을 맞이한 것에 감사하며 열심히 살자. 어쩌면 내일은 오지 않을지도 모른다. 그런 생각으로 하루하루를 소중하게 보내야 한다.

수치적 계산에 의하면 나는 일본인의 평균 수명보다 많은 137살까지 산다고 한다. 왜냐하면 매일 아침 수영하고, 샤워를 하며 큰 소리로 노래를 부르기 때문이다. 매일 수영하는 사람은 평균 수명이 6년 늘어나고, 매일 노래 부르는 사람은 4년이 늘어난다고 한다. 그리고 풍부한 유머감각을 가진 사람은 5년이 늘어나는 등 그밖에도 수명이 늘어나는 요소를 더하면 나는 137살까지 살 수 있다고 한다. 반쯤은 농담이지만, 나는 그렇게 하루하루를 열정적으로 보내며 살고 있다.

또한 풍요로운 제3의 인생을 보내기 위해서는 새로운 가치관을 몸에 익히는 것이 중요하다. 본 장에서 '중년기의 8가지 위기'를 습득했다면 항목 ④에서 벌써 실천했을 것이라고 생각하지만, 다시 한 번 자신의 가치관을 돌아보고 재평가함으로써 풍요로운 제3의 인생을 향해 성실하게 한 걸음 내딛어 보자. 그리고 죽음에 대해 부정적으로 생각하지 말고 인생의 끝자락을 향해 적극적으로 살아가는 마음을 갖도록 하자. 3막의 연기를 상상해보자. 주연 배우가 가장 열심히 연기하는 것은 1막도, 2막도 아니라 최후의 3막이 아닐까?

최근 내가 강연회 같은 자리에서 성찰의 마음을 담아 자주 하는 얘기가 있다. '제3의 인생'을 향한 과제 6가지에 대한 이야기다. '제3의 인생'이란 것은 꼭 해야 할 과제들이 많이 존재해서 무척 바쁜

법이다. 그 과제 6가지를 지금부터 제안하고자 한다.

'제3의 인생'을 향한 6가지 과제

① 손을 놓는 마음가짐

제법 어려운 일이지만 과거의 업적이나 직함을 향한 집착에서 손을 놓고, 새로운 출발선에 섰다는 각오로 적극적으로 살아갈 것을 염두에 두자.

② 용서와 화해

일본인은 특히 '화(和)'를 중시하는 민족이다. 인생의 끝자락에 다가설 때쯤 타인과 화해하고 용서하며 마음속 응어리를 남기지 않도록 하자.

③ 감사와 표명

인생을 돌아보면 자신이 지금까지 얼마나 많은 사람들의 보살핌을 받으며 살아왔는지 알게 된다. 모든 것을 겸허하게 돌아보며 주위 사람들에게 감사하는 것이 중요하다.

④ 이별을 고하다

죽는다는 것은 새로운 여행을 향한 출발점이라고도 말할 수 있다. 여행의 시작엔 인사가 따라오는 법이다. 제대로 이별의 인사를 전한 후 다음 단계를 향해 한걸음을 내딛어 보자.

⑤ 유언장 작성

예를 들면, 사후의 유산 상속을 둘러싼 분쟁 같은 것이 발생하지 않도록 법률적으로 문제없는 유언장을 미리 만들어두는 것도 중요하다. 이는 남겨진 사람들에 대한 배려이기도 하며, 마지막 사랑의 선물이기도 하다.

⑥ 자신만의 장례 방법을 생각한다

평소부터 내 장례를 어떻게 할지 생각해두자. 원하는 장례 방법을 미리 주변에 알려두는 것이다. 이는 남겨진 사람들을 향한 배려를 나타내는 것이기도 하다.

여러분 각자의 경우에 맞게 생각해보자. 그리고 구체적으로 '제3의 인생'을 풍요롭게 만들기 위한 방법 중 하나로 봉사활동을 들 수 있다. 봉사활동 즉, 다른 사람을 위해 무상으로 일하는 것, 자신에게 있어서도 새로운 삶의 보람을 발견하게 될 것이다. 미국에서 흥미로운 조사가 하나 있었다. 남성 고령자 2,700명을 대상으로 봉사활동을 하고 있는 그룹과 하고 있지 않은 그룹으로 나누어 10년간 추적 조사를 실시했다. 그 기간 동안 봉사활동을 하고 있는 사람이 100명 사망했다면, 봉사활동을 하고 있지 않은 사람의 사망률은 그 2배 반 즉, 250명이 사망했다는 결과였다. 봉사활동을 하고 있는 쪽이 훨씬 더 오래 산다는 조사 결과가 나온 것이다.

봉사활동은 활동하는 사람 당사자의 행복감과도 연결된다. 타인을 위해 무상으로 일하는 봉사정신은 그 일을 행하는 사람이 '삶의 보람'을 실감할 수 있게 해주고, 사는 기쁨을 맛볼 수 있게 해준다. 그리고 봉사는 자신의 건강에도 좋은 영향을 줄 것이다.

보람된 삶의 탐구

그러면 계속 거론되는 '삶의 보람'이란 무엇일까 생각해보자. 중세 유럽 파리에 노트르담 사원을 건설하던 때의 이야기다.

노동자 세 명이 땀을 흘리며 일하고 있었다. 셋 모두 같은 일을 하고 있었는데, 누군가 그들에게 "당신은 무슨 일을 하고 있습니까?"라고 물었다. 한 명은 "무거운 돌을 나르고 있습니다. 무척 고된 일입니다."라고 말했고, 다른 한 명은 "나는 가족을 위해 열심히 일하고 있습니다."라고 대답했다. 또 다른 한 명은 "나는 노트르담

대성당을 짓고 있습니다."라고 가슴을 펴고 대답했다. 하는 일은 같아도 일을 대하는 태도는 사람마다 무척 차이가 난다.

내가 제안하고 싶은 것은 좁은 의미로서의 하는 일이 아니라 보다 큰 범위로 자신이 하는 일을 평가하는 것이 중요하다는 것이다. 파리의 노동자 세 명은 자신이 살아있는 동안에는 대성당이 완성되지 못한다는 것을 알고 있었다. 하지만 세 번째 노동자가 '나는 대성당을 짓는 협력자'라고 말했듯이, 의기 있는 일에 종사하고 있다고 생각하는 것이 실은 진정한 '삶의 보람'으로 이어지는 것이다. 삶의 보람이 있는 인생이란 내면에 있는 잠재력을 개발하는 것이다.

이는 '중년기의 8가지 위기'에서도 다루었지만, 우리는 모두 풍부한 잠재 능력을 갖고 있다. 그러므로 가능한 한 그것을 발휘하고자 노력하는 것이 보람된 삶의 탐구로 이어지는 것이다.

내가 태어난 마을은 네덜란드와 가까운 북독일에 있다. 대부분의 네덜란드인은 자국어 외에도 독일어, 프랑스어, 영어를 자유로이 구사한다. 네덜란드인들은 선천적으로 어학에 재능을 갖고 있기 때문이 아니다. 네덜란드는 주변국과 땅이 이어져 있기 때문에 조금만 차를 타고 나가도 금방 국경을 넘어 다른 나라로 들어갈 수 있다. 독일어를 모른다면 독일어권 안에서는 커피 한잔 마시는 것도 힘들어진다. 벨기에, 프랑스, 영국 등 어디를 가도 똑같다. 말이 통하지 않으면 사소한 거래 하나도 마음대로 할 수 없다. 이것은 네덜란드인이 생활하는 데 있어 무척이나 절실한 문제다. 따라서 필요에 의해 많은 네덜란드인은 대체로 4개 국어 정도는 할 수 있게 된 것이다.

하지만 미국에서는 그 넓은 지역 어디를 가도 영어로 말이 통한다. 요즘에는 미국에서도 외국어 교육에 힘쓰고 있는 것 같지만, 내가 유학했을 땐 영어밖에 못하는 사람이 대부분이었다. 외국어를 쓰지 않으면 생활할 수 없다는 엄격한 도전이 없었기 때문이다. 일본도 북해도에서 오키나와까지 전부 일본어로 대화가 통한다. 도전이 없으면 응전할 필요도 없다. 역시 무언가 동기를 부여할 필요가 있다.

어느 언어학자는 "인간이 만약 뇌의 반을 쓸 수 있다면, 40개 국어를 마스터할 수 있다."고 말했다.

독일에서도 내가 학교를 다닐 때 중학교, 고등학교에선 3개 국어를 이수하는 것이 필수였다. 나는 라틴어, 그리스어와 영어를 들었고, 하나 더 들으라는 말에 프랑스어도 배웠다. 나는 앞으로 대학에서 철학을 연구하고, 고금(古今) 철학자의 발자취를 따라가고 싶다는 동기가 있었기에 어학 습득에 응전하기가 괴롭기는커녕 오히려 즐거울 정도였다.

잠재 능력 개발을 위한 동기는 어학에 한정된 이야기가 아니다. 중·노년기가 되면서 자신의 평범한 일상이 반복되는 것에 불만을 느꼈다면, 그 감정을 하나의 도전으로 받아들이고 자신의 내면에 있는 잠재 능력의 가능성과 사랑의 에너지를 끌어내야 한다. 위기를 자신의 새로운 가능성을 깨우는 계기로 삼는 것은 나이와 상관없이 삶의 보람을 탐구하는 멋진 일이 되어줄 것이다. 또한 이는 『신약성서』에 있는 달란트의 예화(마태복음 25장 14-30절)와 통하는 부분이 있다. 달란트는 영어 탤런트(TV에 출연하는 예능인)의 어원이다. 우리는 저마다 신께 귀중한 달란트(재능)를 받았지만, 스스로 그 가치를 알지 못하고 지내는 경우가 많다. 중년기로 접어들면서 필요에 의해 자신도 몰랐던 달란트를 발휘했다는 사례가 많이 존재한다. 이는 확실한 삶의 보람으로 이어진다.

'경이로움은 철학의 시작이다.'라는 표현이 있다. 항상 유연한 감수성을 유지하며 경이로운 정신을 잃지 않는 것이 중요하다는 말이다. 경이로운 정신은 우리를 지고(至高)의 체험으로 이끌어준다. 지고의 체험이란 생전에 인간과의 만남, 음악, 예술과 문학 등 예술작품과의 만남, 그리고 무엇보다도 신과의 만남에 의해 정신적으로 한 단계 더 높은 경지로 나아가는 것을 의미한다. 우리는 종종 인생을 강물의 흐름에 비유하곤 한다. 이 높은 경지의 체험을 맛봄으로써 그 후의 흐름은 한층 더 깊고 풍부해지는 것이다.

인생의 궤적에는 두 가지 기본적인 모델이 있다. 하나는 젊은 시절에 계속 상승선을 그리다가 중년기에 절정을 한 번 맞이한 뒤로는 더 이상 위로 올라가지 못하고 점점 하강하다 그대로 끝나는 것이다. 이러한 생애주기는 무척 쓸쓸한 형태다. 그래서 나는 또 다른 삶의 방식 한 가지를 제안하고자 한다. 바로 위기에 직면했을 때 소극적으로 도망치지 말고 언제나 적극적으로 응전하는 태도를 몸에 익히는 것이다. 이것이 바로 중년기의 절정을 지나더라도 전체적으로 보면 마지막까지 성장을 이어나가게 하는 비결이다. 여러분도 젊은 정신으로 새로운 모험을 두려워하지 말고 평소에도 그 정신이 늘 함께하기를 바란다.

'죽음'이란 도대체 무엇일까

죽음준비교육

'중년기의 위기'를 거쳐 '제3의 인생'으로 나아가면 이윽고 인생의 끝이 조용히 다가온다. 즉, '죽음'과 직면하는 시기다. 드디어 이 책 내용의 최종 핵심 부분이다. 죽음을 둘러싼 학술적인 연구는 최근에 와서 급속도로 퍼지면서 깊이를 더해 왔지만, 그중에서도 관심을 집중시킨 것이 생사학의 한 분야인 '죽음준비교육(Death education)'이다.

현대인은 모든 문제에 대해 지적인 접근을 시도하고, 그 성과를 교육을 통해 전달해왔다. 인간은 지적 행위를 통해 다양한 상황을 통제해온 셈이다. 하지만 죽음은 어떨까? 죽음 체험은 전해줄 수 없어서 항상 미지의 영역으로 남아 그에 대해서는 수동적인 상태가 된다. 이것이 죽음에 대해 공포를 느끼는 커다란 원인 중 하나이다. 죽음준비교육은 이러한 과제에 적극적으로 개입한다. '죽음'이라는 주제에 대해서도 다양한 교육 방법을 적용하고, 이 현상을 보다 가까운 일로 생각하게 한다. 그럼으로써 죽음의 의미, 인생의 의미까지도 보다 깊게 통찰할 수 있게 되고, 무의식 속에 억압해 온 수동적인 죽음에 대한 공포를 의식화해 다양한 고뇌의 원인에 대해서 보다 적절하게 대응할 수 있게 해준다.

현재 미국에서는 거의 매년 죽음준비교육 학회가 개최되고 있다. 일반인을 위한 강좌와 대학 강의가 늘어나고 있을 뿐만 아니라 초·중·고등학교에서도 '죽음준비교육' 과정을 제공하게 되었다. 나의 모국인 독일에서도 여러 해에 걸쳐 '죽음준비교육' 교과서가 다수 발간되어 종교 시간에 다각적으로 죽음에 대한 교육이 이루어지고 있다. 일본의 높은 교육 수준은 세계에서 자랑할 만하다. 그러나 '죽음준비교육'의 측면에서는 상당히 뒤떨어진 수준이다. 우리는 인생의 중요한 시련 — 입학시험이나 취직 등 — 을 앞두고 반드시 교육이나 훈련을 받는다. 그런데 인생 최대의 시련인 죽음에 대해서는 아무런 준비도 하지 않고 있다. 이는 무척 편파적인 일이다.

말기 암 환자를 아무런 마음의 준비도 하지 못한 채 죽음에 다가가게 하는 사회의 태도는 무척 가혹한 일이라고 생각한다. 따라서 조속히 '죽음준비교육'의 보급이 이루어져야 할 때이다.

물론 이러한 의식의 개혁은 한 번에 되는 일이 아니다. 죽음을 터부시하는 문화는 아직도 일본 내 이곳저곳에 남아있다. 내가 경험한 유머러스한 일을 한두 가지 얘기하면 여러분도 분명 이해할 것이라고 생각한다. 나는 죠치대학의 졸업생에게서 자주 결혼식 사회나 피로연 연설을 부탁 받는다. 평균적으로 한 달에 두세 번은 이런 기회가 있는데, 이런 일을 부탁 받게 되면 상대가 누구든 그 사람이 대학생일 때 얼마나 우수한 학생이었는지를 말해야 한다. 나는 솔직한 사람인지라 때로는 약간 괴로울 때도 있다(허허허).

결혼식 전에 내 연구실로 예비 부부가 찾아오는 일도 많다. 그리고 "선생님, 피로연 연설에 부탁드리고 싶은 말씀이 있습니다."라는 말로 입을 연다. 그러고는 "시골에서 나이 드신 친척들도 많이 오시니까 저희가 선생님의 '죽음의 철학'을 배운 것에 대해서는 말하지 않으셨으면 합니다."라는 부탁이 대부분이다.

결혼하는 당사자들로선 피로연의 연설에서 이상한 외국인 선생이 "신랑 신부 둘 다 죠치대학에서 '죽음의 철학'을 공부했습니다."와 같은 소개를 한다면 연로하신 분들이 얼굴을 찡그리진 않을까 걱정하는 것이다.

나 또한 일본에선 축하하는 자리에서 죽음에 대해 이야기하는 것이 금기라는 것을 알고 있지만, 매번 같은 말을 듣게 되니 약간 유감스런 기분이 든다.

또 다른 예로, 이십 몇 년 전에 설립된 '죽음 임상 연구회'라는 학회가 있다. 매년 1회, 전국 각지에서 대회를 열고 연구 발표를 한다. 어느 해 지방의 유명한 호텔에서 학회가 개최되었다. 일본 각지에서 회원인 의사와 연구자들이 참여하는 학회이니 호텔 정문에 '죽음 임상 연구회장'이라고 크게 적힌 입간판을 세워두었다. 그러자 30분도 지나지 않아 호텔 매니저가 파랗게 질린 얼굴로 달려와서 입간판을 치워줄 수 없겠느냐고 말했다. 그날은 대길일(大吉日)이었다. 호텔 내 다른 장소에선 결혼식과 피로연이 열리고 있었던 것이다. 그 자리에 참석한 사람들의 입에서 이런 좋은 날에 불길한 단어가 적힌 간판은 보고 싶지 않다는 항의가 빗발쳤다고 한다. 우리는 어쩔 수 없이 입간판을 치웠다. 이 또한 죽음의 금기가 가져온 유머러스한 현상의 하나라고 볼 수 있다. 이처럼 죽음의 터부화가 일상생활 속에 뿌리 깊게 침투해 있으면 마음의 준비를 할 기회도 전혀 얻지 못한 채 자신의 죽음과 마주해야 한다. 이것이야말로 인생 최대의 위기라고 해도 과언이 아닐 것이다.

도전으로서의 암 선고

2001년 현재 일본의 암 환자 사망률은 약 31퍼센트다. 일본인 3명 중 1명은 암으로 사망하고 있다. 암 환자들에게 병명을 솔직하게 선고할 것인가, 말 것인가에 대해 의료 관계자들 사이에서 격렬한 토론이 이루어지고 있다. 몇 년 전 나는 나고야에서 열린 일본암치료학회에서 암 선고에 관련된 강연을 했다. 그 자리에서 나는 암이라는 것을 솔직하게 선고하길 바란다고 말했다. 그러자 강연이 끝난 뒤 의사 몇 명이 내게로 다가와 "저도 솔직하게 암 선고를 하고 싶은 생각을 갖고 있습니다만, 일본에서는 죽음을 터부시한 시기가 너무 길어서 환자측에서 이를 받아들일 마음의 준비가 전혀 되어 있지 않습니다. 그래서 제대로 선고를 할 수가 없는 상황입니다."라고 한탄했다.

암에 걸릴지 안 걸릴지에 대해선 우리가 직접 컨트롤할 수 없다. 하지만 만약 암에 걸렸다는 것을 알게 되었을 때는 어떻게 대응할 것인지 스스로 결정할 수 있다.

암에 걸렸다는 것만으로 절망에 빠져버릴지, 아니면 암을 하나의 도전으로 받아들이고 적극적으로 응전할 것인지에 따라 그 사람의 인생은 크게 바뀐다. 미국 서부영화의 스타였던 존 웨인(John Wayne)은 암 선고를 받은 후 친구와 지인들에게 열심히 알려서 많은 기부금을 모았다. 이 기부금으로 그가 사망한 뒤 로스앤젤레스에 '존 웨인 암 연구소'를 설립했고, 암 연구 및 치료에 뛰어난 성과를 올리고 있다. 만약 의사가 그에게 암을 선고하지 않았다면 이 연구소도 존재할 수 없었을 것이다. 그런 면에서 존 웨인은 암이라는 도전에 훌륭하게 응전을 한 것이다.

암 선고는 결코 죽음의 선고를 의미하는 것이 아니다. 환자에게 진실을 알리는 것은 의료진이 마지막까지 환자와 함께 이겨내자는 협력태세의 표명이다. 그래야만 환자도 인간으로서의 존엄을 잃지 않고 마지막까지 인격적인 성장을 이어나가는 것이 가능하다. 죽음에 직면하는 위기가 역으로 더욱 순수한 형태로 타인에게 사랑을 주는 행위를 도출하고, 이것이 신기한 패러독스가 되어 환자 자신의 삶의 보람으로 이어진다. 이는 틀림없는 진실이다.

예를 들자면, 장기 기증을 그리스도교에서는 대가 없는 사랑의 표현이라고 생각한다. 기증 받은 사람들이 감사해 하는 말이 장기 제공자(Donor)의 귀에 들어가진 않는다. 이미 이 세상에 존재하지 않기 때문이다. 하지만 이름도 얼굴도 모르는 남을 위해서 아무런 보답도 바라지 않고 신체의 일부를 내어준다는 행위는 더할 나위 없는 아름다운 인간애의 표현인 것이다. 나도 수년 전에 각막은행과 콩팥은행에 기증서약을 등록했다. 독일에서는 가톨릭과 프로테스탄트의 사교단체합동 윤리위원회가 1990년 8월 신자에게 장기 기증을 권하기 위한 기준을 배포했다.

중세 유럽에선 '죽는 것을 두려워 말라.'는 말이 좌우명이 되어 'Ars moriendi(죽음의 예술)'이 대두되었다. 그리고 그림이나 서적을 통해 죽음에 대한 마음의 준비를 배우게 되었다. 따라서 죽음이란, 시간을 들여 갈고닦아야 할 '예술'이라는 사상을 보여 주는 것이다. 죽음을 그냥 막연하게 미래에 일어날 일로 여기는 것이 아니라, 현재의 자신과 어떻게든 관계가 된 주제로 여기게 된다면 우리는 시간의 귀중함을 알게 되고 사랑과 만남의 진정한 의미에 눈을 뜨게 될 것이다.

독일 철학에서는 '문명'과 '문화'의 구별을 중요하게 생각한다. '문명'이란 인간 활동의 물질적·기술적 영역의 일이며, '문화'란 정신적·내면적 영역의 일이다. '문명'에서 새로운 것이란 항상 보다 좋은 것을 의미하지만, '문화'에선 반드시 그렇진 않다. 20세기는 의료 기술을 시작으로 '문명'이 커다란 발전을 이루었다. 그렇지만 사생관과 죽음에 대한 대응의 '문화'적인 측면에서는 오히려 퇴보했을지도 모르겠다.

죽음의 의미, 삶의 의미

'죽음은 암흑이며, 무의미하며, 인생의 비극적 결말이다.'라고 생각한 사람이 있었다. 확실히 죽음과 함께 오는 이별과 고뇌를 실제로 경험한 후에 죽음의 의미에 대해 적극적으로 이야기하라는 말은 곤란한 일이다. 하지만 위대한 철학자들이 죽음에 직면해서 인간의 본질과 삶의 보람, 죽음에 대해 깊이 사색해왔다는 사실은 죽음이 인간의 정신적 흐름에 있어서 얼마나 중요한 역할을 했는지를 알려주고 있다.

성 아우구스티누스(St. Augustinus)는 19살에 갑작스런 친구의 죽음과 마주하며 심한 충격을 받고 슬픔의 늪에 빠졌다. 그때의 경험을 『고백』 속에서 "지금은 나 자신이 스스로에게 커다란 수수께끼가 되어버렸다."라고 서술했다. 친구의 죽음은 아우구스티누스를 우정의 본질, 죽음과 삶의 보람에 대한 깊은 철학적 사색으로 이끈 것이다.

키케로(M. T. Cicero)는 "철학이란 죽음의 의미를 생각하는 것 외에 그 무엇도 아니다."라고 말했다. 죽음에 대해 배우는 것은 지금도 여전히 철학자에게 있어 중요한 과제다. 하지만 죽음은 결코 부정적·비관적 태도로 생각할 것이 아니라, 오히려 삶과 죽음은 분리되지 않는 것으로 생각해왔다.

몽테뉴(M. Montaigne)는 "어떻게 죽는가를 배운 사람은 어떻게 사는가도 배운다."라고 주장했다.

죽음을 생각하지 않고 삶을 이야기하는 것은 사고의 시야를 좁게 만든다고 생각한다. 인생의 의미는 분명 전 생애라는 넓은 시야로 보아야 발견할 수 있는 것이며, 전 생애란 삶과 죽음 둘 다 포함된 것을 의미한다. 예를 들어, 그림의 경우 완성된 작품을 보아야 각 부분이 갖는 중요한 의미를 알 수 있다. 음악도 교향곡 전체가 있음으로써 비로소 그 작품의 각 악장, 각 소절이 깊은 의미를 갖게 된다. 이처럼 인생도 죽음으로 완성되는 생애에서 그 의미가 명확해지는 것이 아닐까. 또한 죽음을 앞두고 있는 삶의 의미는 생명의 양보다는 생명의 질로 인식해야 한다. 아무리 오래 살았다고 하더라도 인간답게 의미 있는 삶을 살지 못했다면 그것은 무의미한 삶이다. 의미 있는 생애였는가, 아닌가에 대해서는 그 사람이 이 세상에 보다 많은 사랑을 남겼는가, 이 세상을 조금이라도 따뜻하고 살기 좋은 곳으로 바꾸기 위해 날마다 노력했는가에 따라 정해진다고 생각한다. 이는 독일의 철학자 알프레드 델프(Alfred Delp) 신부의 사상과도 통하는 바가 있다.

　내 어린 시절은 제2차 세계대전이 한창 벌어지던 때였다. 내가 매우 존경한 델프 신부는 당시 반나치 운동의 정신적 지도자로 유명했다. 히틀러에 의해 37세에 베를린에서 처형당했지만 처형당하기 전에 그는 이런 아름다운 문장을 남겼다.

"만약 한 사람에 의해 조금이라도 많은 사랑과 평화, 빛과 진실을 세상에 전했다면 그 사람의 일생은 의미 있는 인생이다."

우리는 그가 이른 나이에 죽은 것을 안타까워했지만, 아마도 그는 나이와 상관없이 스스로 인생의 의미를 완성했을 것이다. 그의 삶의 보람은 나치의 독재에서 인류를 해방하기 위한 자기희생과 강하게 결부되어 있었다. 우리도 델프 신부의 말을 지표로 삼아 하루하루를 어떻게 살았는지 반성해볼 필요가 있다. 오늘 보람 있는 하루를 보냈는지 밤에 잠들기 전에 자문해보는 것이다. 스스로 인생의 의미를 깊이 생각해보는 것, 이것이 자신의 역할의식의 위기에 대한 하나의 해답이 아닐까.

'죽음의 과정' 6단계

실제로 자신이 죽어가는 것을 느끼게 된다면 그 사람의 심리상태는 어떤 궤적을 그리게 될까? 우리는 우선 그것부터 알아둘 필요가 있다. 이는 '죽음준비교육'에서도 매우 중요한 관점이다. 죽음에 직면한 사람들의 심리 상태를 처음으로 연구하고 분석한 사람은 제2장에서 언급한 엘리자베스 퀴블러 로스다. 그녀는 말기 환자 200명을 대상으로 인터뷰를 실시하여 죽음을 앞둔 환자가 겪는 죽음의 과정 5단계를 제창했다. 그녀의 저서『죽음의 순간』에 의하면 가까운 미래에 죽음이 임박하다는 선고를 받고 실제로 죽게 되는 순간까지 많은 환자들은 다음과 같은 죽음의 과정 5단계를 경험한다고 했다. 나는 그 단계에 하나를 더 추가했다.

① 부정

죽음을 선고받은 환자는 먼저 자신이 죽는다는 사실을 부정한다. 그것은 무리가 아니지만 그들은 자신이 죽는다는 사실을 받아들이지 못한다. 그리고 의사의 진단은 분명 오진일 것이라고 생각한다. 이는 자기 보존 본능에 의해 자연스럽게 나타나는 현상이라 생각된다.

② 분노

자신이 죽는다는 사실을 부정할 수 없다는 것을 깨닫게 되면, '왜 지금 내가 죽어야 하는 거야?'라는 의문이 분노와 함께 생겨난다. 이 분노의 방향은 자신을 간호해주는 가족이나 의료 관계자에게 향하는 경우가 많지만, 그것이 환자가 그들에게 개인적인 원한을 느끼고 있다는 것을 의미하는 것은 아니다. 이 분노는 '나는 살아있어!'라는 환자의 자기주장이다.

③ 타협

분노가 수습되면 환자는 조금이라도 더 오래 살고 싶다는 생각에 의사, 운명, 신 등을 향해 조금이라도 더 늦게 죽게 해달라며 타협을 시작한다. 이 단계는 짧은 시간이지만 환자가 주위 사람들에게 가장 개방적이고 협력적인 상태가 되는 시기다. 따라서 이성적인 소통도 가능해진다. 가능한 한 환자에게 이 기회에 주변을 정리하고, 하던 일이 있으면 마무리 짓고, 해결하지 못한 문제가 있다면 마무리를 짓도록 권하는 것이 바람직하다. 또한 환자가 자신의 인생을 되돌아보며 전 생애를 통합하여 의미를 발견할 수 있도록 도와주는 것도 필요하다. '인생의 재평가'라는 접근에서 환자가 자신의 생애에 있었던 일들을 회고하고, 과거의 일들로 인한 갈등의 해결이나 상처 입힌 인간관계의 빠른 회복을 통해 환자가 과거에 있었던 일들의 의미를 재평가해서 인생을 조화와 완성으로 이끌도록 원조한다. '타협'의 단계에서 인생을 재평가하는 것은 환자가 죽음에 대한 공포를 극복하고 편안한 마음으로 수용의 단계에 도달할 수 있게 도와줄 뿐만 아니라, 반대로 기회를 놓치게 될 위험성도 크다.

④ 우울

곧바로 멀지 않은 시일에 모든 것을 잃게 된다는 인식이 심각한 우울 상태를 초래한다. 이 단계에서 무엇보다 중요한 것은 주위 사람 중 누구 한 명은 꼭 환자의 곁에서 집중하는 것이다. 곁에 있어도 해줄 수 있는 것이 아무것도 없다는 무력감을 맛보게 되는 것은 무척 괴롭겠지만, 이 시기에는 병문안을 오던 사람도 거의 발길이 끊기게 되는 경우가 많다. 그렇게 되면 환자는 이대로 버림받고 혼자서 쓸쓸한 죽음을 맞이하게 되는 것은 아닐까 하는 적대감에 고통을 느낀다. 대화는 하지 않더라도 그저 곁에서 손을 잡고 있어 주는 것만으로도 환자에겐 정신적으로 큰 도움이 된다. 환자에게 마지막까지 결코 혼자 두지 않을 거라는 믿음을 주는 것이 중요하다.

⑤ 수용

이윽고 환자는 자신이 죽음을 피할 수 없다는 사실을 받아들이려는 태도를 취하게 된다. 이는 절망으로 인한 포기와는 다르다. 예컨대, 이루었거나 해야 할 것을 전부 했다고 느끼는 휴식의 시간이다. 환자는 점차 주위에 관심을 잃게 되는데 이때 환자에게 반응을 강요해선 안 된다.

⑥ 기대와 희망

내 경험에 의하면, 특히 사후의 삶을 믿는 환자의 경우에는 좀 더 나아가서 영원성에 대한 '기대와 희망'이라는 제6단계에 도달하는 경우가 많다. 예를 들어, 천국에서 사랑하는 사람과 반드시 재회할 수 있다는 희망과 확신을 가진 사람은 적극적으로 죽음을 초월하는 생명을 기대하며 평안한 상태로 죽음을 맞이한다.

퀴블러 로스의 연구는 미국인 환자를 대상으로 실시한 연구다. 일본인 환자의 경우에는 대부분 감정표현을 절제하는 경향이 있기 때문에 각 단계의 징후 ― 특히 '분노'의 단계 등 ― 를 구별하기가 어려울지도 모르겠다. 그렇지만 죽어가는 환자 그 자신은 일본인, 미국인, 독일인이기 이전에 한 명의 인간이다. 최종적으로 죽음의 공포에 직면할 때의 반응은 본질적으로 공통된 부분이 존재한다고 생각해도 되지 않을까. 이러한 단계를 통해 죽음에 직면하여 고뇌를 뛰어넘는 것은 인생의 최후 단계에 도달할 수 있는 인격적 성장의 과정이라고 생각한다.

비탄 교육의 중요성

한편 죽음을 선고받은 환자의 가족은 어떻게 행동하면 좋을까? 우리는 보통 자신의 죽음을 체험하기 전에 친인척의 죽음을 먼저 경험한다. 조부모, 부모, 배우자, 자신의 자녀나 형제 등 사랑하는 사람에게 죽음이 다가오고 있다는 현실을 앞두면 우리는 어이없이 서있을 수밖에 없다. 친인척의 죽음은 언젠가는 반드시 겪게 되는데, 죽음에 대한 교육이 전혀 이루어지지 않고 있어서 어떻게 하면 좋을지를 전혀 모른다. 거기에 '소중한 사람을 잃었을 때 남겨진 사람은 어떻게 살 것인가?'라는 과제가 중요해진다. 이것이 비탄 교육이다.

앞에서 '죽음의 과정 6단계'는 죽음을 선고받은 환자 본인의 심리 분석이었지만, '비탄의 과정'은 남겨진 사람이 비탄을 회복하기 위한 모델이다. 죽음준비교육의 중요한 분야 중 하나는 죽음을 향해 다가서는 사람의 가족, 친구 등 남겨진 사람을 위한 교육이다. 비탄을 체험하는 사람들 대부분은 비탄 과정의 각 단계에서 적절히 대응하지 못하고 결과적으로 몸과 마음에 부정적인 영향을 받는 경우가 많다. 해결하지 못한 비탄이 여러 가지 병의 원인이 될 가능성이 높다는 것은 수많은 의사와 심리학자들에 의해 주장되어 왔다.

런던의 성 크리스토퍼 호스피스(St. Christopher hospice)[04] 고문을 지낸 콜린 머레이 파크스(Colin Murray Parkes)에 의하면 아내를 잃은 54세 이상의 영국 남성 4,486명을 대상으로 조사한 결과, 그들이 아내의 사후 6개월 이내에 사망할 확률은 40대 기혼자에 비해 40퍼센트 이상 높았으며, 사망 원인의 3/4은 심장병이었다고 한다. 종종 사랑하는 아내를 잃은 상처를 못 이기고 죽었다는 얘기를 듣게 되는데, 이는 결코 기분 탓이 아니라 의학적으로도 증명된 현상이다. 우리는 보통 병에 걸리게 되면 그때부터 고액의 비용과 노

---

04   영국의 말기 환자 요양소

력을 들여 치료하려고 든다. 그렇지만 비교적 예방에 대해서는 무관심하다. 비탄이 위험한 병의 원인이 될 가능성이 높다는 것을 알게 된 이상 예방의학의 관점에서라도 비탄 교육을 보다 중시할 필요가 있다. 만약 지금 쓰고 있는 의료비의 1퍼센트라도 비탄 교육에 투자한다면 결과적으로 의료비 절감으로 이어지지 않을까 생각한다.

나는 모국인 독일이나 미국, 일본 등 여러 나라에서 가족과 사별한 유족들을 많이 만났다. 한 사람 한 사람의 모든 인생이 그 무엇과도 바꿀 수 없는 것처럼 비탄을 경험하는 과정도 제각기 다르다. 그렇지만 나는 같은 인간으로서 어느 정도 공통되는 패턴이 보이는 점에 주목하여 '비탄의 과정'을 12단계 모델로 분석했다. 아래에서 각 단계와 그 과제에 대해 생각해보자.

'비탄의 과정' 12단계

① 정신적인 충격과 마비 상태

사랑하는 사람의 죽음이라는 충격으로 인해 일시적으로 현실감각이 마비된다. 머릿속이 새하얗게 변해버린 것처럼 사고력이 떨어진다. 이 상태는 심리학에서 말하는 일종의 방어기제라고 생각된다. 심신의 충격을 완화하는 우리 몸의 본능적인 기능이다.

② 부정

죽음이라는 사실을 인정하려 하지 않고 부정한다. 감정뿐만 아니라 이성도 죽음이라는 사실을 인정하려 들지 않는다. '그 사람이 죽었을 리가 없어. 분명 뭔가 잘못된 걸 거야.'라는 심리다.

③ 패닉

가까운 사람의 죽음에 직면한 공포에 극도의 패닉 상태에 빠진다. 비탄의 과정 초기에 나타나는 현상이다. 되도록 빠른 탈출이 바람직하며 이를 미연에 방지하는 것이 비탄 교육의 중요한 목표 중 하나이기도 하다.

④ 분노와 부당함

쇼크에서 어느 정도 벗어나게 되면 '왜 나만 이런 일을 당하는 거야.'라는 식으로 부당한 처사를 당했다는 감정이 솟구친다. 암처럼 장기간 간병을 한 경우에는 어느 정도 마음의 준비도 할 수 있지만, 급성이나 재해, 사고, 자살 같은 갑작스러운 죽음을 겪게 되면 강한 분노가 폭력적으로 솟구친다. 이런 지독한 경험을 하게 만든 운명이나 신, 가해자 혹은 고인이나 자기 자신에게까지 강한 분노를 느끼는 경우도 있다.

⑤ 적의와 원한

주위 사람이나 고인에게 갈 곳 없는 감정은 적의라는 형태로 나타난다. 남겨진 사람의 갈 곳 없는 감정의 대상으로서 희생양(Scapegoat)을 요구하는 경우가 많다. 병으로 죽은 경우에는 마지막까지 고인의 곁에 있던 의료 관계자에게 적의를 표출하는 경우가 압도적으로 많다. 일상적으로 환자의 죽음을 겪는 병원 관계자와 그 무엇으로도 대신할 수 없는 가족의 죽음에 동요하는 유족들 사이에서 감정의 엇갈림이 일어나는 경우가 많기 때문이다.

⑥ 죄의식

비탄의 행위를 대표하는 반응이다. '이럴 줄 알았으면 살아있는 동안에 더 잘해줬어야 했는데.'라는 심경이다. 과거의 일들을 후회하며 자책하게 된다.

⑦ 공상 · 환상

공상 속에서 고인이 아직 살아있다고 여기고, 실생활 속에서도 살아있는 것처럼 생활한다. 죽은 아이의 방을 정리하지 않고 몇 년이 지나도 그대로 놔두고 있다는 말은 흔히 듣는 얘기다. 언제든 자식이 돌아오더라도 그대로이도록 매일 밤 침대 위에 잠옷까지 준비해 둔다는 이야기도 들은 적이 있다.

⑧ 고독감과 우울증

장례식까지 다 치르고 산만했던 주위가 일단락되면 쓸쓸하다는 생각이 밀려온다. 건전한 비탄 과정의 일부분이지만 빨리 극복하기 위해 노력하는 태도와 주변의 원조가 중요하다.

⑨ 정신적 혼란과 무관심

일상의 목표를 잃어버린 허무감에 어떻게 하면 좋을지 알 수 없게 되고, 주위의 모든 것에 대한 관심을 잃게 된다.

⑩ 포기 – 수용

'포기한다.'는 말에는 '확실하게 한다.'는 암시가 포함되어 있다. 자신이 놓인 상황을 확실하게 수용하며 용기를 갖고 괴로운 현실과 직면하려는 노력이 시작된다.

⑪ 새로운 희망 – 유머와 웃음의 재발견

비탄의 과정을 헤매고 있는 동안에는 그 고통이 영원히 계속될 것이라는 생각에 의욕을 잃게 되지만, 언젠가는 반드시 희망의 빛이 드리운다. 딱딱하게 굳어 있던 얼굴에도 조금씩 웃음이 돌아오고, 유머감각도 점차 되살아난다. 유머와 웃음은 건강한 생활에 빠질 수 없는 요소다. 이것들이 부활한다는 것은 비탄의 과정을 훌륭하게 극복했다는 의미이기도 하다.

⑫ 회복 – 새로운 아이덴티티(Identity)의 탄생

그리고 회복의 단계를 맞이한다. 하지만 사랑하는 사람을 잃기 전의 자신으로 돌아간다는 것을 의미하는 것은 아니다. 고뇌가 가득했던 비탄의 과정을 겪고 난 후 새로운 아이덴티티를 획득하여 보다 성숙한 인격자로서 다시 태어나게 되는 것이다.

비탄을 경험하는 사람들 모두가 다 이런 식으로 12단계를 통과하는 것은 아니다. 또한 무조건 위에서부터 순서대로 진행되지도 않는다. 때로는 복수의 단계가 겹치는 일도 있다는 것을 기억해야 한다.

슬픈 것은 나 자신만이 아니다

나는 최근 수년간, 죠치대학 '죽음의 철학' 수업에서 일 년에 한 번은 사별 체험을 한 사람에게 부탁해 그가 경험한 것을 이야기해

달라고 했다. 젊은 사람부터 고령자까지 다양한 연령대의 사람들에게서 교통사고, 병이나 자살 등의 원인으로 가족을 잃은 그들의 경험을 듣는다. 학생들은 진지한 얼굴로 그 사람들의 체험담을 듣고, 무척 진솔한 반응을 보였다.

일본의 중학교나 고등학교에서도 언젠가는 반드시 경험할 사랑하는 사람과의 사별 체험에 대해 제대로 가르치고 마음의 준비를 하게 할 필요가 있다. 고통스런 경험 전에 미리 사별에 대해 배워두면 보다 빠르게 회복할 수 있기 때문이다. 많은 사람들은 비탄의 과정에 대해 아무것도 모른 채로 '왜 나만 이런 꼴을 당하는 거야?'라고 생각하며 실의에 빠진다. 하지만 '이런 느낌을 받는 건 누구나 다 똑같아', '이런 기분에 빠지는 건 나만이 아니야'라는 것을 알고 있다면 보다 능숙하게 회복할 수 있다.

비탄 과정을 모른 채 어떤 단계 ― 의료 관계자에 대한 '분노'의 단계 ― 에 계속 머물러 있는 사람도 의외로 무척 많다. 예를 들어, 의료사고로 아버지를 잃은 딸이 있었다. 그녀의 아버지는 잘못된 링거 처방을 받아 사망했다. 링거를 처방한 간호사는 실수를 인정하고 사죄를 청했지만, 주치의는 의료사고는 없었다고 주장했고, 병원장까지도 의료사고는 없었다고 주장했다.

당연히 그녀는 분노했다. 아버지가 의료사고로 죽었다는 분노와 해당 의사와 병원이 보여 주는 태도에 더 큰 분노를 느꼈던 것이다.

이대로는 몇 년이 지나도 분노에서 벗어날 수 없게 된다. 그녀의 케이스는 상담이 필요하다. 회복 단계에 이르기까진 적어도 1~2년 정도는 시간이 걸린다. 빠르게 회복하는 방법은 없다. 회복까지 걸리는 기간은 다양한 요소에 의해 변화한다.

그중에서도 특히 남겨진 사람들의 감정을 복잡하게 만드는 사망 원인이 자살이다. 자살로 가족을 잃게 되면 '나를 버리고 죽었다.'는 분노와 '조금 더 따뜻한 태도로 대했으면 자살하지 않았을지도 모른다.'는 죄책감이 특히 현저하게 나타난다. 전쟁으로 인한 죽음의 형태는 무척 다양하다. 예를 들어, 미국인의 전사에는 두 종류의 패턴이 있다. 제2차 세계대전으로 남편이나 아들을 잃은 가족은 '명예롭게 죽었다.'고 생각해 가족의 죽음에 자부심을 느낀다. 따라서 회복도 빠른 편이다.

하지만 베트남 전쟁이나 이라크 전쟁처럼 사회적으로 많은 비판을 받은 전쟁에 참전한 경우에는 좀 복잡해진다. 유족이 회복하기까지는 많은 시간이 필요하다. 일본에서도 이케다 초등학교(池田小學校) 무차별 살인사건이나 옴진리교 사린가스 살포사건으로 사망한 고인의 유족은 회복하기까지 오랜 시간이 걸렸다.

많은 사람들은 비탄 체험을 단순히 수동적으로 견뎌내야만 하는 것으로 생각하고 있다. 하지만 비탄의 과정은 능동적으로 달성해야 할 과제이며, 이를 달성하기 위해서는 본인의 적극적인 마음가짐과

의욕, 그리고 주위 사람의 따뜻한 온정이 무엇보다도 중요하다. 비극적인 체험은 그 사람의 인생에서 희망과 즐거움을 빼앗고 남은 생애를 미움 속에서 살아가게 만들기도 한다. 그렇지만 자신의 정신을 성숙하게 만드는 계기로 삼을 수 있다.

미국의 저술가 월 듀란트(Will Durant)가 "큰 고통을 받은 사람은 증오하거나 친절해지거나 둘 중 하나이다."라고 말했듯이 비극에서 무엇을 찾아낼지는 궁극적으로 각자의 주관성에 달렸다고 볼 수 있다. 사별 체험은 무척 괴롭고 힘든 경험이다. 그렇지만 만약 이것을 인생의 여정에서 반드시 한 번쯤은 다가오는 도전으로 받아들인다면, 그에 응전함으로써 인격적 성장의 소중한 계기로 삼는 것도 가능하다.

'죽음'의 4가지 측면

'죽음과 정의'의 '수용'에서 '기대와 희망'의 단계에 도달한 환자가 잘 선택한 삶의 방식, 그것이 바로 호스피어 케어다. 호스피스의 이념은 특정 시설의 제공을 의미하는 것이 아니라, 주로 말기 암 환자를 대상으로 마지막까지 열심히 사는 것을 목표로 종합적 케어프로그램을 제공하는 것이다. 호스피스의 어원은 라틴어 호스피티움

(Hospice Tium, 숙소)에서 유래되었는데 중세시대 수도원 한쪽에 순례자와 여행자가 쉴 수 있는 쉼터를 마련해둔 것이 호스피티움이다. '죽음의 집'이나 '화장터'라는 표현은 커다란 오해다. 환자는 죽기 위해서가 아니라 남은 시간을 충실하게 살기 위해 호스피스로 들어가는 것이다.

뉴욕 갈바리 병원(Calvary Hospital)은 호스피스라는 개념이 보급되지 않은 1899년 설립된 최초의 호스피스 시설을 갖춘 병원이다. 이곳에는 주로 여생이 3~6주밖에 남지 않은 환자가 들어온다. 그들 대부분은 뉴욕 시내에 있는 다른 병원에서 이송을 희망해 옮겨온 말기 암 환자들이다. 그중 50퍼센트는 약 4주 이내에, 남은 50퍼센트도 거의 6주 이내에 사망한다고 한다. 그렇지만 7개 층, 200개의 병상이 있는 이곳은 결코 어두운 '죽음의 집'이 아니다.

인생 최후의 몇 주 동안 환자는 고통과 죽음의 공포에서 해방되어 따뜻하고 가정적인 분위기에서 심리적 만족감을 맛보며 생활하고, 그들이 인간으로서의 존엄성을 갖고 이 세상을 떠날 수 있도록 환자와 가족, 직원들이 상호 협력하여 다른 병원보다 훨씬 더 밝은 사랑의 커뮤니티를 만들고 있다. '죽음'이라는 말을 듣는 대부분의 사람들은 제일 먼저 육체적인 죽음을 떠올리지만 나는 '죽음'을 네 가지 측면으로 구분했다. 첫 번째는 심리적인 죽음, 두 번째는 사회적인 죽음, 세 번째는 문화적인 죽음, 마지막으로 네 번째가 육체적인 죽음이다.

심리적인 죽음은 예를 들면, 양로원 같은 곳에서 사는 기쁨을 잃은 사람이 육체는 건강할지 몰라도 심리적인 측면은 이미 죽음을 당한 것이나 다름없는 상태를 말한다. 사회적인 죽음은 사회와의 만남과 소통이 끊긴 상태다. 직업도 없고, 양로원에서도 혼자이면서 자식이나 친구 등 그 누구도 면회하러 오지 않는 상태라면 이를 사회적인 죽음이라고 볼 수 있다. 문화적인 죽음은 그들이 생활하는 환경 속에서 문화적인 혜택이 없어진 것을 말한다.

현재 대부분의 병원과 양로원의 환경은 문화적인 혜택이 있다고 말하기 어려운 부분이 많다. 환자의 마음에 대한 배려가 결여된 병원에서는 환자가 육체적인 죽음을 맞기 전에 문화적인 죽음을 체험하게 된다.

20세기 일본은 의료기술의 비약적인 발전 덕분에 세계 제일의 평균수명을 갖게 되었다. 앞으로 새로운 도전과제로서 죽음의 육체적인 측면의 극복뿐만 아니라 심리, 사회, 문화적인 측면을 포함한 총체적인 연명을 돕는 것이 중요한 주제가 되었다고 생각한다. 최근에는 입원한 환자의 생명과 삶의 질을 높이기 위해 음악요법, 독서요법이나 아로마테라피 등을 적극적으로 받아들이는 병원도 점점 늘어나고 있다.

호스피스 케어의 장점

그러면 구체적으로 호스피스(Hospice)가 호스피탈(Hospital)과 다른 점을 알아보자.

① 우선은 스텝들이다. 병원에서는 환자가 의사나 간호사와 함께 편안하게 대화하는 것을 거의 보기 힘들다. 그렇지만 호스피스에선 몇 시간이든 마음껏 대화할 수 있도록 배려하고 있다. 또한 병원은 권위적 계급제도가 우선시되는 경향이 있는 것에 비해 호스피스에선 평등한 협력체계가 특히 좋은 장점이라고 볼 수 있다. 의사나 간호사 외에도 사회복지사, 신부, 목사, 자원봉사자 등을 시작으로 영양사, 심리치료사, 레크리에이션요법 강사 등 다양한 분야의 스텝들이 환자의 다양한 욕구에 팀을 이뤄 대응하고 있다. 호스피스 접근은 병증 그 자체보다도 환자를 전인적인 대상으로 보기 때문이다.

② 호스피스는 자유로운 분위기가 장점이다. 가족은 24시간 언제든지 면회할 수 있고, 병실에서 애완동물을 기를 수 있는 시설도 많다. 한정된 시간을 있는 힘껏 살아가려는 환자 본인의 희망을 가능한 한 존중하고 가정과 다를 바 없는 분위기를 만들기 위해 노력하고 있다. 호스피스에서는 환경에 대한 따뜻한 배려도 돋보인다. 예를 들면, 신록이 푸른 정원이 있

고, 그곳에는 물이 끊이지 않고 흐르고 있다는 것이다.

③ 환자의 고통을 대하는 사고방식도 다르다. 병원이 집중하는 것은 대부분 육체적인 고통이다. 그에 비해 호스피스는 종합적 통증(Total pain)이라는 개념을 중시한다. 특히 말기 환자의 고통에는 육체적 고통, 신체적 고통, 사회적 고통, 영적 고통이라는 네 종류의 고통이 복잡하게 얽혀 있다. 이러한 고통들을 종합적으로 파악하고 조금이라도 완화시키자는 사고방식이다. 물론 육체적 고통의 제거에 호스피스도 중점을 두고 있다. 현재로는 거의 95퍼센트까지 통증의 컨트롤이 가능하다고 한다. 그렇지만 호스피스는 그 외의 것들이 원인이 되는 고통 — 죽음에 대한 공포와 불안, 경제적인 걱정 등 — 에도 자상한 배려를 하고 있다.

④ 병원은 환자 중심이지만, 호스피스에선 환자의 가족에 대한 케어 프로그램도 짜여 있다. 가족은 환자의 케어에 참여함과 동시에 가족과 이별하게 될 때 경험하는 '비탄의 과정' 같은 다양한 위기에도 도움을 준다. 대부분의 호스피스 시설에서는 환자가 사망한 후에도 정기적으로 유족이 모여 서로 기댈 수 있게 해준다. 병원에서는 환자가 사망하면 그것으로 유족과의 관계도 끝나버리는 것이 현실이다.

⑤ 연명에 대한 선택도 다르다. 병원은 의료적인 입장에서 육체적인

연명을 중시한다. 그렇지만 호스피스에선 시간이 얼마 남지 않았다는 것을 전제로 생명과 생활의 질적 개선과 유지에 중점을 둔다. 병원은 수술이나 약이라는 수단을 사용하여 병을 '문제'로 파악하고 해결하고자 하는 것이 목적이라고 볼 수 있다. 호스피스에서는 그런 인위적인 것을 초월한, 말하자면 '신비'의 영역을 향해 겸허하게 마음을 여는 곳이라고 볼 수 있다.

호스피스란 독립된 시설만을 의미하는 것이 아니다. 호스피스 케어팀이 가정을 순회하는 홈케어 호스피스, 병원의 일부에 속한 원내 호스피스 같은 형태도 있다. 미국에는 약 3천여 개의 호스피스가 있으며, 그중 90퍼센트가 케어팀이 가정을 순회하며 간호하는 재택 간호 시스템이다. 영국에도 130여 개의 원내 호스피스와 약 250개의 홈케어 호스피스가 있다. 일본에는 2003년 7월 기준으로 119개의 시설, 2,252개 병상의 완화 케어 병동 승인시설이 있다. 일본에서도 최근 수년간 호스피스 운동이 물결처럼 퍼져나가고 있지만, 미국의 방식을 처음부터 끝까지 전부 다 그대로 가져오는 것이 아니라 서로의 문화, 사회, 종교가 다르다는 것을 고려하여 일본의 실정에 맞는 운동을 전개해나가는 것이 바람직하다.

호스피스 자원봉사자 육성

호스피스는 의료 테마 중 하나라고 생각하기 쉽지만, 나는 그런 좁은 의미가 아니라 사회문화와 전체적으로 관련된 테마라고 인식하고 있다. '죽어가는 사람을 얼마나 소중하게 보살피는가.'는 그 나라의 문화 척도를 나타내는 하나의 기준이 되기 때문이다. 나는 전 세계에 있는 200개 이상의 호스피스를 살펴보았다. 그러다 알게 된 것이 하나 있다. 호스피스에서 자원봉사자의 역할이 무척 중요하다는 것이다. 일본에서 호스피스 운동의 토대를 다지기 위해서는 먼저 '죽음준비교육'의 보급을 촉진하고, 다음으로 호스피스 자원봉사자의 양성이 필요하다고 느꼈다.

나는 1989년부터 죠치대학의 공개학습센터에서 매년 봄에 일반시민을 대상으로 '죽음준비교육 - 호스피스 자원봉사자란'이라는 강좌를 열었다. 4월부터 7월까지 12회에 걸쳐 나 이외에도 의사나 간호사, 사회복지사, 실제로 호스피스에서 일하고 있는 자원봉사자를 강사로 초대해서 강의를 부탁했다. 본래는 정년퇴직한 사람들이 자원봉사 활동에 참여할 수 있도록 도와주고 싶다는 생각에서 시작한 일이다. 하지만 실제로 시작해보니 이 강좌에 참여한 사람의 비율은 20대 젊은이가 가장 많았다.

강의가 끝난 후 나는 수강생들과 함께 식사를 하며 "왜 호스피스 자원봉사에 흥미를 갖게 되었습니까?"라고 물었다. 그리고 정반대되는 두 가지 동기가 존재한다는 것을 알았다. 하나는 전형적인 대답이었다.

"저희 아버지는 병원에서 돌아가셨어요. 그런데 환자를 대하는 병원의 태도가 너무 안 좋아서 가족 모두가 괴로웠거든요."

또 다른 대답은 "저희 어머니는 호스피스에서 돌아가셨어요. 자원봉사자 분들이 따뜻하게 돌봐주셔서 마지막까지 무척 멋진 나날을 보낼 수 있었어요. 은혜를 갚고 싶은 마음에 저도 호스피스 자원봉사자가 되어 활동하고 싶다고 생각하게 되었어요."라는 것이었다.

좋지 않은 체험과 좋은 체험, 서로 정반대의 동기가 존재한다는 점에 나는 무척 깊은 흥미를 느꼈다. 이 강좌에서 나는 호스피스 자원봉사의 기본 이념으로 자발성, 환자와 그 가족과의 연대성, 무보수, 개척정신이란 네 가지 포인트를 강조했다. 호스피스 자원봉사는 그냥 평범하게 간호사를 보조하는 역할로 그치지 않는다. 호스피스 팀 안에서 특별한 역할도 맡고 있다. 일반 사무, 접수, 전화 응대, 청소, 물품 구입, 운전기사, 편지 대필, 기부금 모집 등 다방면에 걸쳐 활약하고 있다. 누구나 반드시 할 수 있는 분야의 일이 존재한다. 그중에서도 가장 중요한 일은 환자의 곁에 앉아서 그들의 이야기에 귀를 기울이고, 고독한 고통을 달래주는 역할이다.

호스피스 자원봉사로서 가장 중요한 것은 '듣는 것'이다. 그리고 두 번째도 '듣는 것', 세 번째도 '듣는 것'이다. 수다쟁이는 환자의 곁에 앉아 있는 역할에 어울리지 않는다. 환자의 말에 귀를 기울여 듣는 것에 집중하는 태도가 호스피스 자원봉사자의 기본이다. 내가 많은 호스피스 환자들에게 얻은 데이터를 종합해보자면, '바람직한 호스피스 자원봉사자상'으로 다음과 같은 인물상이 떠올랐다.

- 이야기를 잘 들어주고, 말하고 싶지 않을 땐 조용히 곁에 있어주는 사람
- 같이 웃고 울어주는 사람
- 비밀을 지켜주고 신뢰할 수 있는 사람
- 편견이 없고 관대한 사람
- 자신의 한계를 알고 활기차게 생활을 즐기는 사람

1995년 한신·아와지(阪神·淡路) 대지진 이래 봉사활동이란 말이 일본에 완전히 정착하게 되었다. 대학입시에서 봉사활동의 유무를 선발 기준의 하나로 삼자는 움직임도 있었다. 그렇지만 어떠한 평가의 대상이 되니까 봉사활동을 한다는 것은 주객이 전도된 느낌이라고 생각된다. 봉사활동을 하고 있으면 타인을 위해 무상으로 일함으로써 오히려 내가 많은 것들을 받게 된다는 것을 깨달았다고 말하는 사람들이 많다. 호스피스 자원봉사 강좌를 수강한 후 실제

로 봉사활동을 시작했다는 사람들에게서 덕분에 삶의 보람을 얻었다며 감사해하는 편지가 매년 내 앞으로 수없이 온다.

한편 일본에서 재택 호스피스 케어 서비스가 정착되지 못하고 있는 이유 중 하나는 '환자 가족의 사생활이 잘 지켜질까?' 하는 불안 때문이다. 사생활의 존중은 봉사활동의 정착을 좌우하는 과제이기도 하다. 호스피스 봉사활동이란 죽음이 가까운 사람을 거울로 삼아 자신의 삶의 보람이 무엇인가를 다시금 떠올려보는 장이기도 하다. 다시 말해, 인간으로서의 원점으로 돌아가 한 걸음씩 앞으로 걸어가는 사람에게 손을 내밀 기회가 주어지는 셈이다. 이러한 만남이 쌓여 일본 전국의 각 지역에서 봉사활동이 왕성해지기를 바란다.

'죽음'은 끝이 아니다

자신의 죽음을 다하다

독일어로 '죽다'라는 동사는 두 개가 존재한다. 하나는 동물의 죽음을 의미하는 'Verenden'이며, 또 다른 하나는 'Sterben'인데 이 단어는 인간에게만 사용한다. 동물적인 죽음은 육체적으로 점점 쇠약해지다 죽음을 맞이하게 되지만, 인간의 경우는 다르다. 동물처럼 육체적으로 쇠약해지더라도 정신적으로는 성장하는 과정을 거치며 죽음에 이를 수 있다.

나는 구로사와 아키라 감독의 「산다」라는 영화를 좋아한다. 여러 번 다시 봤다. 이 영화는 자신의 여생이 얼마 남지 않은 것을 알게 된 주인공이 평생 처음 진정한 의미로 '살게' 되었다는 내용이다. 주인공은 죽기 전에 의미 있는 무언가를 남기고 싶다는 바람이 생겼는데, 그것은 바로 '아이들을 위해 공원을 만들고 싶다.'는 것이었다. 그는 최후의 순간에 도달해 처음으로 다른 사람을 위해 살 수 있게 되었다. '인간다운 죽음'을 다하기 위한 삶의 방식으로 무척 좋은 이야기라고 생각한다.

시드니에 있는 호스피스에서는 이런 사례가 있었다. 유방암이 재발하여 네 아이의 어머니가 호스피스에 들어왔다. 음악치료사가 아이들에게 어머니의 취미가 무엇이냐고 묻자 모두 다 엄마는 노래를 좋아한다고 대답했다. 그 대답을 들은 음악치료사는 그녀의 베개 곁에 작은 테이프 녹음기를 두며 "아이들을 위해 당신이 좋아하는 음악을 녹음하시는 건 어떨까요?"라고 권했다.

그때부터 아이들의 어머니는 자신이 평생 쌓아온 추억과 좋아하는 노래를 한데 담아 열심히 녹음했다고 한다. 처음으로 남편과 만났을 때 불렀던 러브 송, 그와 함께 본 오페라에서 불렀던 아리아, 자장가 등 다양한 곡과 추억을 담은 그 테이프 녹음기의 러닝 타임은 최종적으로 8시간에 도달했다.

마지막 날 아이들은 모두 침대를 둘러싸고 눈물을 흘리고 있었지만 그녀는 열심히 녹음한 8개의 테이프를 아이들에게 건네며 "천국에서 다시 만나자."라고 말하고는 편안하게 잠들었다.

　이 아이들의 어머니는 마지막까지 창조적인 삶을 살며 자녀들을 위해서 자신이 죽은 후에도 성장하는 데 정신적인 지지가 되어 줄 테이프를 남겼다. 그녀 또한 필사적으로 자신다운 삶을 끝까지 관철시킨 것이다.

　샌프란시스코에 있는 에이즈 호스피스에선 독일인 만화가 한 명이 예술치료사로 봉사활동을 하고 있었다. 그녀는 희망자에 한해 최후의 그림을 그리는 것을 권했다. 그러자 많은 환자들이 그림을 그리기 시작했다. 에이즈 환자 중에는 젊은 사람들이 많아 부모님이 건재한 경우도 많다. 환자들은 부모에게 자신이 살았던 증거를 남기고 싶다는 마음에 혼신을 다해 그림을 그렸다. 마치 미술관처럼 이 호스피스 시설의 복도 벽에는 환자들이 그린 최후의 그림이 걸려 있다. 어느 것을 봐도 무척 훌륭한 작품이다. 인간은 타인을 위해 무언가를 남기고 싶다는 욕망을 갖고 있다. 최후의 그림을 그린다는 것은 죽음을 향해 다가가는 자신의 복잡한 감정을 예술로 승화시켜 표현하고 싶다는 의미에서 이 또한 인간답게 죽는 방법이라고 생각한다.

죽으면 어떻게 되는가?

그러면 죽는 날까지 남은 시간을 열심히 살고 인생의 마지막 단계에서 인격적인 성숙을 이루었다고 했을 때, 그 후에는 대체 어떻게 되는 걸까? 정말로 죽음은 모든 것의 끝인 걸까? 자신이나 주위 사람들이 건강할 땐 대부분 죽음이나 사후에 대해 생각하려 들지 않는다. 의식해서 그렇다기보다는 평소에 그런 것을 생각할 기회가 적기 때문이다. 이는 앞에서 언급한 일본의 교육 시스템과도 연관이 있다. 그렇지만 누구나 언젠가는 반드시 가까운 사람의 죽음과 마주하거나 자신의 죽음에 직면하게 된다.

죽으면 어떻게 되는가? 우리 인간에게 있어 바로 이것이 가장 중요한 주제라고 생각한다. 독자 여러분이 가장 알고 싶어 하는 부분이기도 할 것이다. 사후의 삶이 정말로 존재하는지 증명하는 것은 현재는 물론 아마 미래에도 불가능할 것이다.

하지만 반대로 죽음이 모든 것의 끝이라는 것도 증명할 수 없다. 다만 인류의 긴 역사 속에서 사후의 삶은 언제나 주장되고 믿어져 왔다. 내세신앙은 모든 민족, 문화, 시대를 뛰어넘어 존속되어 왔다. 영원에 대한 인류의 강한 동경심의 발로라고 봐도 과언이 아닐 것이다.

예를 들어, 기원전 1500년경에 만들어져 인류 최고(最古)의 서적이라고 불리는 이집트의 『사자의 서』에도 '인간은 사후에도 삶이 이어진다.'는 의미의 문구가 기술되어 있다. 또한 피라미드의 존재는 파라오가 사후에도 계속 살아있다는 신앙의 상징이라는 해석이 타당하다고 여겨지고 있다. 일본에서 추석 때 하는 행사와 오키나와의 니라이카나이 신앙도 같은 곳에 뿌리를 두고 있다고 여겨진다. 내세신앙은 인간성 그 자체에 깊은 뿌리를 둔 보편적인 경향이라고 볼 수 있다.

철학자들의 고찰

철학의 역사에도 사후의 삶과 관계된 오랜 전통이 있다. 여기에 철학자들의 다양한 학설을 소개해보도록 하겠다.

① 소크라테스 · 플라톤의 영혼불멸설

고대 그리스 철학자 소크라테스와 그의 제자 플라톤은 '영혼은 본래 불멸이며 육체가 죽음으로써 신체는 없어지더라도 영혼은 사후에도 계속해서 살아간다'고 생각했다. 죽음의 순간이야말로 영혼이 육체와 그를 속박하는 물질계의 제약으로부터 해방되어 인간으로서 갖고 있던 모든 소원을 이루는 순간이라고 말했다. 이 설은 육체와 영혼을 대립해서 생각했을 뿐만 아니라 육체를 가볍게 보는 극단적인 이원론에 해당하지만, 인간의 본질은 불멸한다는 그들의 가르침은 인간성의 존엄을 명확하게 밝히는 학설로서 후대의 철학자들에게 커다란 영향을 끼쳤다.

② 인간의 잠재 능력과 무한의 의무

'중년기의 8가지 위기'에서도 다루었지만, 윌리엄 제임스, 마거릿 미드, 오토 랑크는 인간은 삶 속에서 수십 퍼센트밖에 잠재 능력을 발휘하지 못한다고 주장했다. 제임스는 '사후에도 남은 수십 퍼센트의 능력을 개발할 가능성이 있다고 본다면, 죽음이 단락을 짓는 것도 납득할 수 있지만, 만약 죽음이 모든 것의 끝을 의미한다면 발휘하지 못한 잠재 능력 따윈 전혀 쓸모없는 것이 아닌가' 하고 생각했다. 독일의 철학자 칸트는 영혼의 불사를 주장했다. 그의 설에 의하면 인간은 완전한 인간이 된다는 과제가 있다. 하지만 육체적으로 살 수 있는 시간이 한정되어 있어 그 의무를 다할 수가 없다. 그러니 인간은 사후에도 무한하게 살며 과제를 이루기 위해 앞으로 나아가야 한다는 결론에 도달했다.

독일의 문호 괴테도 "내세에 희망을 갖지 못한 사람은 이미 이 세상에서 죽은 것이나 마찬가지다."라고 강조했다. 괴테는 "본질적으로 인간의 정신은 불멸하며, 인간이 사후에 대한 희망을 갖지 못한다면 현재의 인생도 아무런 의미가 없고 허무할 뿐이지 않은가."
라고 말했다. 우리가 이루어야 할 과제는 제한이 없다. 그렇다면 인간은 본질적으로 죽음을 초월하여, 영원한 자기실현을 목표로 해야 할 존재이지 않겠느냐는 추론도 성립하는 셈이다.

③ 사랑과 불사성(不死性)

"사람을 사랑한다는 것은 '사랑하는 이여, 그대는 결코 죽지 않소.'라고 말하는 것과 같다"는 가브리엘 마르셀의 유명한 명언은 우리에게 사랑과 죽음의 신비를 전하고 있다. 사람을 사랑하면 그 상대의 영원성을 원하게 되는 것은 당연한 일이며, 시간적인 제약에 타협하는 사랑은 진정한 사랑이 아니다. 죽음에 의해 무로 돌아가는 사랑에는 아무런 의미가 없다는 것이다.

④ 파스칼의 '내기'

17세기 프랑스의 과학자이자 종교사상가이기도 했던 파스칼(Pascal)은 사후의 삶을 믿는지 아닌지는 내기 하나로 알 수 있다고 말했다. 사후의 삶이 존재한다고 믿고 있었는데 실제로는 아무것도 없었다고 하더라도 그 사람이 실제로 손해를 본 것은 없다. 하지만 실제로는 사후의 삶이 존재했는데 그것을 무시하고 믿지 않았던 덕분에 손에 넣지 못하게 되었다면 그것을 만회할 방법은 없다고 파스칼은 생각했다. 그 사람은 영원히 모든 것을 잃게 된다는 것이다. '믿으면 전부 손에 넣을 수 있고, 믿는다고 해서 무언가를 잃는 것도 아니다. 그렇다면 사후의 영원한 생명을 믿는 쪽에 걸어야 한다.' 이것이 파스칼의 결론이다.

종합적인 판단을 바탕으로

위와 같이 사후의 삶의 유무에 대해서는 다양한 위치에서 설명하려는 시도가 이어지고 있다. 나는 철학자의 입장에서 이러한 학설을 종합적으로 판단하는 '개연성의 수렴'이라는 접근을 보여 주고자 한다. '개연성'이라고 하면 뭔가 어려워 보이지만, '아마도 그럴 것이라는 성질'이라는 의미다. '내일은 맑을 것이다.'라는 뉘앙스를 철학적으로 바꾸면 '내일은 맑을 개연성이 높다.'가 된다. 앞에서 다룬 다양한 학설들은 '사후의 삶이 존재할 가능성이 있다.'는 공통점이 있다. 이 학설들의 개연성은 한 지점에 수렴하며 이를 통해 보다 고도의 개연성을 형성하는 것을 알 수 있다. 즉, '사후의 삶이 존재할 가능성이 크다.'는 것이다.

평소에도 우리는 중요한 결정들을 이 '개연성의 수렴'에 따라 내리고 있다. 예를 들어, 결혼 상대로 생각하는 사람이 정말로 자신을 사랑하고 있는지를 과학적으로 증명하는 것은 불가능하다. 그렇지만 대부분의 사람들은 용감하게 결혼에 골인한다. 상대의 애정이 진짜라는 것을 상대방의 행동과 말, 경력, 가족의 태도 등 다양한 방면의 접근을 통해 종합적으로 판단하고 있기 때문이다. 사후의 삶의 유무에 대한 '개연성 수렴'의 장점 하나는 누구나 다 사후와 관련된 설들을 공평하게 비교하며 검토할 수 있다는 점이다. 철학을 배우지 않더라도 자신이 공감할 수 있는 학설을 자유롭게 선택할 수 있다. 그럼으로써 그 사람이 갖는 사후의 삶에 대한 개연성은 점점 더 높아지게 될 것이다. 이러한 접근을 전부 무시하고 사후의 삶을 부정해버리는 것은 오히려 비이성적인 태도가 아닐까.

그리스도교의 입장에서

그리스도교에서는 영원한 생명은 이미 이 세상에서 시작되었다고 여기고 있다. 그리스도교도에게 있어 죽음은 만회할 수 없는 종말이 아니라 새로운 생명의 시작을 의미한다. 『신약성서』에서 예수가 '나는 부활이요 생명이니 나를 믿는 자는 죽어도 살겠고 무릇 살아서 나를 믿는 자는 영원히 죽지 아니하리니(요한복음 11장 25-26절).'라고 말했듯이, 예수의 부활이야말로 영원한 생명의 증거다. 그리스도교의 장례에선 주로 '다시 만날 때까지'라는 가사의 반복으로 유명한 '우리 다시 만날 때까지'라는 찬송가를 부른다. 다들 눈물을 흘리며 이 노래를 부르면서 고인과 천국에서 재회할 수 있다는 것을 다시 확신하는 것이다. 이는 기독교인의 근본적인 에너지로써 신앙의 근간을 떠받치고 있다.

나는 어릴 때부터 천국은 어떤 곳일지에 대한 흥미를 갖고 있었다. 그리고 초등학생이던 시절 종교 시간에 선생님께 이런 질문을 했다.

"천국에는 말이 있나요?"

당시 나는 승마가 너무 좋아 집에서 기르고 있던 말도 거의 혼자서 도맡아 보살폈다.

나의 질문에 선생님은 "천국에 가면 주님과 만날 수는 있지만 말은 없다고 생각해요."라고 대답했다. 그래서 나는 "천국에 말이 없다면 재미없다고 생각해요. 주님과 만나는 건 무척 멋진 일이지만 그것만으론 지루하지 않을까요?"라고 반문하며 선생님을 난처하게 만들었던 기억이 있다.

예수는 선생님과는 다르게 천국의 매력을 우리가 알기 쉽게 친근한 예를 들어 설명했다. 예를 들어, 진주장사를 하는 상인에게는 천국을 '값진 진주(마태복음 13장 45-46절)'와 같다고 말하며, 이것을 발견하면 갖고 있는 물건을 전부 다 팔아서라도 손에 넣어야 할 정도로 값진 것이라고 설교했다. 예수가 일반 사람들을 대상으로 설교

할 때 천국을 '혼인 잔치'로 예를 들었다. '천국은 마치 자기 아들을 위하여 혼인 잔치를 베푼 어떤 임금과 같으니(마태복음 22장 2절).' 당시의 혼인 잔치는 3일에 걸쳐 열렸다고 한다. 포도주를 대접받으며 실컷 먹고, 춤추고, 노래하는 등 초대 받은 손님들에게 있어선 정말로 즐겁고 행복한 나날이었음이 분명하다. 2000년 전 이스라엘 사람들에게 있어서 혼인 잔치야말로 천국의 행복을 상상하기에 딱 알맞은 비유였다고 생각한다.

예수가 상대방에 맞춰서 다양한 이미지를 사용한 이유는 천국의 행복이라는 것은 인간의 상상을 훨씬 뛰어넘었기 때문이다. 그 굉장함을 인간의 말로 설명하는 것은 불가능하다. 사도 바울도 '영원한 삶'이란 우리가 이 세상에서 보고 듣는 것들로는 상상도 할 수 없는 경험일 것이라고 말했으며, '본 적도 없고, 들은 적도 없고, 사람이 상상도 못한 것을 하나님은 그분이 사랑하시는 자들을 위해 준비하셨다(고린도 신자들에게 보낸 편지 12장 9절).'라고 적었다.

현대를 살아가는 우리가 천국의 행복을 상상할 때, 『신약성서』에 나오는 진주나 혼인 잔치의 예로는 바로 느낌이 오지 않을지도 모르겠지만, 자신에게 있어서 정말로 큰 기쁨을 주는 것들을 전부 가질 수 있다고 상상해보면 어떨까. 예를 들어, 네 살배기 아이에게 '행복이란 너와 나의 만남이란다.'라고 설명한다면 전혀 이해할 수 없을 것이다. 그렇지만 20년 후 그 아이가 사랑을 알게 되고, 사람을 사모하는 경험을 하게 되면 이를 정확하게 이해할 수 있을 것이다. '천국의 영원한 생명'에 대해서도 지금 이 지상에서 살고 있는 우리는 아직 4살짜리 아이나 다름없지만, 그리스도교에서는 사후에 천국에서 부활해 먼저 죽은 사랑하는 사람들과 재회하고, 무한한 주님의 사랑을 받으며 함께 영원히 살아간다는 희망이 신앙의 근간을 떠받치고 있다.

『신약성서』에 나오는 천국의 이미지 중 내가 가장 좋아하는 것은 요한계시록에 나오는 한 구절이다. '보라, 하나님의 장막이 사람들과 함께 있으매 하나님이 그들과 함께 계시리니 그들은 하나님의 백성이 되고 하나님은 친히 그들과 함께 계셔서 모든 눈물을 그 눈에서 닦아주시니 다시는 사망이 없고 애통하는 것이나 곡하는 것이나 아픈 것이 다시 있지 아니하리니 처음 것들이 다 지나갔음이리라(21장 1-4절).'

여기에서 그려진 천국의 두드러진 세 가지 특징이 있다.

첫째는 모든 것이 새롭게 변해 신선함이 가득하다는 점이다. 둘째는 항상 하나님이 사람과 함께 있다는 환희에 가득 찬 확신이다. 셋째는 죽음도 비극도 고통도 없는 완벽한 행복의 상태다. 하나님이 백성의 눈물을 닦아준다는 것은 모든 고통이 끝난다는 것을 상징한다. 요한계시록에 기술된 천국은 현대를 살아가는 우리의 마음에도 깊게 와 닿게 한다. 그렇지만 나는 그 무엇을 상상하더라도 영원한 생명이 보장된 행복을 완벽하게 표현하는 것은 불가능하다고 항상 느끼고 있다.

제4장

유머감각의 권장
죽음의 공포를 극복하는 방법

'죽음'을 긍정적으로 생각하고, 제한된 '삶'을 보다 충실하게 보내기 위해서는 어떻게 하면 좋을까? 내 대답은 '항상 감사한 마음을 잊지 않고 웃으면서 다른 사람을 위한 삶을 사는 것'이다. 다시 한 번 관심을 갖고 주위를 살펴보자. 분명 당신의 주변에서 새로운 삶의 보람을 발견할 수 있을 것이다.

양로원에서 특기인 마술을 선보이는 장면.

유머는 삶과 죽음의 묘약

유머요법의 효과

"유머 철학 연구는 내게 있어서 또 다른 평생의 과제입니다."
내가 이렇게 말하면 놀라는 사람들이 무척 많다.
"데켄 선생님은 '죽음의 철학' 같은 진지한 것을 연구하시면서 그것과는 정반대인 유머 철학까지 연구하고 계시네요?"라고 말한다.
하지만 그렇지 않다. 유머와 죽음은 무척 깊은 연관성이 있다. 신기하다고 생각할지 모르겠지만, 사는 것과 죽는 것이 불가결의 관계이듯, 우리가 보다 인간답게 잘 살기 위해서 유머는 필수다. 죽음에 대해 배우고 자신다운 생사학을 익히기 위해서라도 유머감각은 무척 중요하다. 그밖에도 유머에는 죽음에 대한 극심한 공포와 불안을 감소시켜주고, 긴장을 풀게 해주고, 분노를 다스리게 해주며, 고뇌에서 자신을 객관적으로 바라보고 웃을 수 있게 해주는 효과가 있다. 잘 생각해보면 우리는 죽는 순간까지 계속 살아있는 것이니, 더 많이 웃고 즐겁게 살아갈 수 있도록 노력해야 하지 않을까?

일본인은 외국에 있는 호스피스에 가면 대부분 깜짝 놀란다. 왜냐하면 말기 환자를 케어하는 사람들이 어딜 가더라도 모두 다 밝고 유머감각이 가득하기 때문이다. 호스피스 안에서 나누는 대화들도 모두 다 행복한 기운이 가득하다. 지금 여기에서 서로 만나고 있는 이 시간을 맘껏 즐기자는 생각에서 자연스럽게 나오는 기쁨과 감사한 마음이 유머 가득한 즐거운 분위기를 만드는 것이다.

3장의 '중년기의 8가지 위기'에서 다룬 내용 중에 극도로 심각한 위기를 극복할 때에도 유머와 웃음은 무척 큰 도움이 된다. 사랑하는 사람을 잃고 '비탄의 과정'을 겪고 나서 회복의 단계에 도달하면 유머와 웃음이 다시 돌아온다. 애초에 유머라는 말은 라틴어로 '액체'를 의미하는 'Humor'가 어원이다. 중세 의학자들은 인체를 구성하는 액체를 일괄하여 'Humores(Humor의 복수형)'이라 칭하고, 이 물질이 인간에게 생명을 불어넣는다고 생각했다. 'Humores'가 생명의 본질이며, 이 흐름이 인체에 활력을 주고 창조적인 힘이 되어 항상 생명을 불어넣어 주고 있다고 생각한 것이다.

시간의 흐름과 함께 유머의 의미도 점점 바뀌어간다. 더 이상 '액체'라는 의미로 사용하지 않는다. 하지만 인간에게 활력을 불어넣는 효과가 있다고 생각하는 점은 지금도 바뀌지 않았다. 최신 연구에 따르면 유머는 암을 극복하게 하는 효과가 있다고 한다. 유머로 인해 태어나는 것은 밝고 따뜻한 웃음이다. 인간은 웃음으로 많은 스트레스를 완화할 수 있다. 미국에서 '소음이 많은 불쾌한 환경에서 실험쥐를 기르면 90퍼센트가 암에 걸렸다'는 실험결과가 있었다. 하지만 이와 반대로 모차르트 음악이 흐르는 좋은 분위기 속에서 기르자 암에 걸린 실험쥐는 고작 7퍼센트에 불과했다.

인간의 경우 유머감각을 풍부하게 개발하면 아무리 힘든 상황에 빠지더라도 자신을 냉정하게 바라보며 웃음을 잃지 않을 수 있다고 생각한다. 웃음으로 다양한 스트레스를 완화할 수 있으니 결과적으로 병에도 잘 걸리지 않게 되지 않을까. 텍사스에 있는 가톨릭계 병원에서는 '매일 한 번은 환자를 웃게 합시다.'라는 운동을 장려하고 있다. 그러자 그 병원에 입원한 환자는 다른 병원에 있는 환자들보다 빨리 퇴원할 수 있게 되었다고 한다. 이는 전혀 신기한 일이 아니다. 병원이 항상 밝은 웃음으로 가득하다면 혈액순환 같은 것들이 좋아져 환자도 빨리 회복하게 되는 것이라고 생각한다.

『웃음의 치유력』이라는 책을 지은 저널리스트 노먼 커즌스

(Norman Cousins)가 나을 확률이 500분의 1밖에 되지 않는 교원병(Collagen disease, 膠原病)에 걸렸을 때의 일이다. 발병 원인은 자신의 부정적 정서반응에 있다는 것을 깨달은 커즌스는 항상 긍정적으로 생각하려 노력하기 시작했다. 항상 사랑과 희망, 신뢰를 잃지 않고 잘 웃으려 한 것이다. 10분간 요절복통을 하면 적어도 두 시간은 통증을 느끼지 않고 숙면을 취할 수 있었다고 한다. 그리고 커즌스는 결국 의사도 반쯤 포기한 난치병을 유머요법을 통해 극복했다. 그는 자신이 병을 극복하는 데 유머와 웃음이 커다란 역할을 했다고 확신하고 있다.

웃으면서는 화낼 수가 없다

일본에서는 유머와 조크를 같은 의미로 사용하는 사람이 많지만 나는 명확하게 구별해서 사용한다. 조크란, 두뇌 레벨의 기술이다. TV에 나오는 코미디언이나 개그맨이 보여 주는 웃음은 대부분 조크에 해당한다. 교묘한 말솜씨와 타이밍으로 웃기려고 드는 조크는 초보를 위한 입문서 같은 것으로도 익힐 수도 있지만 빈정거리거나 도를 넘는 조크는 하지 말아야 한다. 도를 넘는 조크로 누군가를 놀린다면 주변 사람들은 웃을지 몰라도 그 조크의 대상자는 상처를 받는다. 하지만 이러한 일은 유머에서는 보기 힘든 일이다.

　유머란, 서로 마음이 통하는 것에서부터 시작한다. 상대방을 향한 배려가 유머의 시작이다. 상대를 향해 배려나 사랑을 보이고 싶다면, 그 시작은 상대방이 무엇을 기대하는지, 무엇을 바라는지를 생각하는 것이다. 모두가 바라는 것은 스트레스가 적은 따뜻한 가정과 사회 환경이 아닐까. 배려가 가득한 유머가 있다면 어떤 환경에서든 마음이 따뜻해지는 분위기를 만들 수 있다고 생각한다. 나는 모든 사람들이 인생의 윤활유로서 유머에 대해 다시 한 번 생각해보기를 바란다.

　독일어에 지나치게 진지한 사람을 표현하는 말로 '동물적인 진지함(Tierischer ernst)'이라는 관용어가 있다. 항상 진지하기만 하고 재미가 없는 사람은 유머가 부족해 웃기는커녕 마치 동물 같다는 의미로 쓰이는 말이다. 이를 바꿔 말하면, 사람은 유머가 있으면 있을수록 인간답게 살 수 있다고 볼 수 있다.

　최근 사회문제가 되고 있는 학교에서의 왕따 현상이나 가정 내 폭력, 은둔형 외톨이(引きこもり, 히키코모리)의 원인 중 하나는 사회 전체가 너무 진지하고 경직된 분위기라서가 아닐까 나는 그렇게 생각하고 있다. 한창 자라나는 시기의 아이들에게 "그건 안 돼, 그것도 하면 안 돼."라면서 속박하면 배출할 곳 없는 스트레스가 계속 쌓이다 결국 어딘가에서 폭발할 수밖에 없는 것이다. 만약 교사와

부모가 조금만 더 마음의 여유를 갖고 장기적인 시야에서 아이들을 키운다면 아이들도 더 잘 자라나 잠재 능력도 많이 발휘할 수 있게 될 것이다.

직장에서도 가정에서도 누군가 한 명이 짜증을 내면 그곳 전체의 분위기도 경직된다. 하지만 웃으면서 화내기는 어렵다. 한번 해보면 그것이 불가능하다는 것을 알 것이다. 나 데켄도 불가능하다(허허허). 유머와 웃음은 자신의 심리적 평화에 기여함과 동시에 주위 사람들에게 따뜻한 사랑과 배려를 나눔에 있어서도 뛰어난 효과를 발휘한다.

'그럼에도 불구하고' 웃을 것

유머는 자신의 건강을 유지하는 데 도움을 줄 뿐만 아니라 사람과 사람 사이의 커뮤니케이션에 있어서도 윤활유가 된다. 우리가 일상적으로 하는 커뮤니케이션의 약 20퍼센트는 언어로 이루어지지만, 남은 80퍼센트는 비언어적(Body language) 무언의 커뮤니케이션으로 성립된다. 말도 중요하지만 때에 따라서는 그 사람에게서 느껴지는 분위기가 더욱 중요하다는 의미다. 예를 들어, 외국에서 길을 물어야 한다고 치자. 우리는 우선 주위 사람의 얼굴을 살펴본다. 화난 얼굴로 빨리 걷는 사람이나 고개를 숙이고 터벅터벅 걸어가는 사람에겐 길을 물어볼 생각이 들지 않는다. 하지만 당신이 곤란해 하는 것을 깨닫고 미소 지은 얼굴로 다가오는 사람이 있다면 안도하며 익숙지 않은 외국어로 더듬거리며 말을 걸게 된다. 이는 말 이전의 커뮤니케이션으로 웃는 얼굴이 중요하다는 것을 우리에게 알려주는 것이다.

유머는 사람과 사람 사이에 인연을 맺어주는 효과가 있다. 예를 들어, 나는 만담을 좋아하는데 만담을 보러 갔을 때 옆자리에 모르는 사람이 앉아도 같이 만담을 들으며 웃다 보면 그 사람과 유대감을 느낄 때가 있다. 같이 웃는 동안 알지도 못하는 사람에게서도 친밀감을 느끼며 자연스럽게 공동체의식을 형성하게 되는 것이다. 하지만 러시아워가 한창인 전철 안에서는 아무리 많은 사람들과 어깨를 맞대고 있더라도 공동체의식이 형성되는 일은 없다.

이쯤에서 오랫동안 내가 연구해온 생사학 탐구에서, 특히 죽음과 유머의 밀접한 관계성을 느끼게 해준 실례를 하나 들어보겠다. 뉴욕에서 살던 내 친구의 어머님이 임종할 때의 모습이다. 보통 죽음은 슬픈 일이다. 하지만 내 친구의 어머님은 자신의 죽음을 비극이 아니라 마음이 따뜻해지는 한 편의 코미디로 만들었다.

자녀 11명 모두 훌륭한 성인으로 키워 품에서 떠나보낸 그녀의 나이는 당시 91세였다. 남은 시간은 세 시간 정도일 거라는 의사의 말에 아들딸 11명과 그 자손들이 모두 병실에 모였을 땐 이미 그녀는 혼수 상태로 보였다.

"안타깝게도 어머님과 마지막 인사를 나누지는 못했지만, 어머니를 위해 기도합시다." 장남은 가톨릭 신부였다. 모두가 장남의 말에 따라 미사를 드리고 기도를 하고 있었다. 미사가 끝나는 순간 갑자기 그녀가 눈을 뜨고 이렇게 말했다.

"날 위해 기도해줘서 고맙구나. 그런데 위스키를 한 잔 마시고 싶구나." 그런 그녀의 모습에 다들 깜짝 놀랐다.

자식 한 명이 서둘러 글라스에 위스키를 담아 건네주자 그걸 한 모금 마신 그녀는, "미지근하니 얼음을 좀 넣어주렴." 하고 말했다. 앞으로 세 시간밖에 시간이 없을 거라는 그녀가 위스키의 온도에까지 신경 쓰는 모습에 모두 쇼크를 받았다고 한다. 허둥지둥 얼음을 구하여 잔에 넣었다.

살짝 입을 댄 그녀는 "맛있구나."라는 말과 함께 모두 마셨다. 그리고 이어서 "담배를 피우고 싶구나."라고 말했다. 계속 지켜보던 장남이 더 이상 못 참겠다는 듯이 용기를 내서는 "의사가 담배는 안 된다고 했잖아요."라고 말했다. 그에 대한 그녀의 대답은 이랬다.

"죽는 건 의사가 아니라 나란다. 담배 좀 주렴."

그러고는 자연스럽게 담배를 피운 후, 모두에게 감사하며 이렇게 말했다.

"천국에서 다시 만나자꾸나. 굿 바이 굿 바이."

그 말을 끝으로 자리에 누운 그녀는 그대로 숨을 거뒀다. 그때 그녀의 죽음을 슬퍼한 사람은 한 명도 없었다고 한다. 물론 어머니가 돌아가셨다는 사실 그 자체는 슬픈 일이지만, 그때 그 장소의 유머러스한 분위기를 떠올리면 웃게 된다고, 정말 어머니다운 죽음이었다며 내게 이야기를 해주었다. 그녀는 생전에 위스키나 담배는 거의 입에 대지 않은 사람이었다. 그러니 이때도 정말로 위스키가 마시고 싶다거나 담배가 피우고 싶었던 것은 아니었을 것이다. 그녀는 그 나이까지 몇 번이나 친척과 친구의 장례식에 참석해 사람들이 슬퍼하며 우는 모습을 봐왔을 것이다. 그래서 그녀는 자신이 죽을 땐 자신의 가족들이 슬퍼하지 않도록 밝은 분위기의 코미디 한 편을 남기기로 결심했던 것이다.

정말로 아름다운 배려라고 생각한다. 보통 우리는 마지막으로 남은 시간이 세 시간이라는 말을 들으면 더는 아무것도 할 수 없다는 자포자기에 가까운 생각을 하게 된다. 하지만 그녀는 유머를 통해 남겨진 가족들에게 생애 잊을 수 없는 귀중한 선물을 안겨준 것이다. 유머란 '그럼에도 불구하고' 웃는 것이다. 이는 독일에서 가장 유명한 유머의 정의다.

"나는 지금 괴롭습니다. 하지만 '그럼에도 불구하고' 상대방을 위한 배려를 잊지 않고 미소를 짓습니다."라는 의미다. 이것이야말로 깊이 있는 진정한 유머라고 나는 생각한다.

자기풍자의 이모저모

유머는 마치 산들바람처럼 주위 사람들을 상냥하게 웃는 얼굴로 바꾸는 효과가 있다. 그렇다면 사랑과 배려에서 도출되는 유머의 소재로는 어떤 내용이 어울릴까? 나는 자기풍자가 가장 잘 어울린다고 생각한다. 내적인 자유를 획득한 사람만이 자신의 실패와 약점을 객관적으로 바라보고 그것들에서 웃음을 느낄 수 있다. 즉, 성숙한 인간에게 있어 웃음의 대상은 자기 자신인 셈이다. 현대 젊은이들이 쉽게 상처받는 이유 중에는 남의 눈에 자신이 어떻게 비칠까만 생각하고, 남에게 잘 보이려 발버둥치고 있다는 점에서 그 원인이 크다고 생각한다. 자기풍자 유머는 이런 현대병의 특효약이 될 것이라고 생각한다.

고대 그리스의 철학자 소크라테스가 이런 말을 했다.

"나는 내가 아무것도 모른다는 것을 알고 있다."

"자신을 슬기롭다고 생각하는 자야말로 진정 어리석은 자이다."

둘 다 자신을 예로 들어 인간의 어리석음을 풍자하는 좋은 예이다. 자신의 결점이나 부족함, 착각을 솔직하게 인정하고 그런 실수를 웃음거리로 삼아 상대방과 함께 웃는 것이 자기풍자 유머의 진수다. 자기풍자 유머는 개인뿐만 아니라 각국의 국민성에 대해 이야기할 때에도 도움이 된다. 유럽에는 코끼리와 관련된 자기풍자로 유명한 소설이 있다. 그 소설 속에는 코끼리를 대하는 태도를 통해 그 나라 국민성의 장점과 단점이 마치 거울을 들여다보듯 잘 나타나 있어 그것을 보는 사람은 누구나 다 웃음을 짓게 된다. 그 작품을 소개하고자 한다.

영국인은 '코끼리'라는 말을 들으면 인도로 가서 코끼리를 사냥하고, 그 코끼리를 박제해서 대영박물관에 기부한다. 프랑스인은 우선 파리동물원으로 가 그곳에 코끼리가 없다면 코끼리의 존재 자체를 부정한다. 왜냐하면 파리는 프랑스 그 자체이며, 프랑스는 작지만 세계 그 자체이기 때문이다. 프랑스인에게 있어서 파리에 코끼리가 없다면 그건 실존하지 않는다는 말이나 다름없다. 만약 코끼리가 동물원에 있다면 짧게 멋들어진 소설을 한 편 쓴다. 타이틀은 '코끼리와 사랑'이다.

폴란드인은 코끼리라는 말을 들으면 애국주의 동맹을 결성해 그곳에서 뜨겁게 연설을 한다. 주제는 '코끼리와 폴란드의 문제'다. 독일인이라면 코끼리에 대해 적어도 책을 7권은 쓴다. 우선 '코끼리 해부도', '생리학', '코끼리의 기원과 심리학', '문학과 예술에 있어 코끼리의 위치', '국가 정의와 국민 경제에 있어 코끼리의 역할' 같은 얘기들이다. 제6권은 코끼리를 형이상학적으로 다룬 내용으로, 1장의 타이틀은 '코끼리와 칸트의 무조건적 명령'이다. 제7권은 특히 온 힘을 다해 쓴 역작으로 '소외당한 세계에 있어서의 코끼리'

라는 주제다. 오스트레일리아인은 애수가 담긴 작은 추억들에 대한 책을 만든다. 제목은 '빈 부르크 극장 늙은 코끼리의 추억'이다.

잠시 설명을 좀 하겠다. 이 소설에서 영국인의 기질은 결단 즉시 실행하는 유형으로 그려져 있다. 그와 함께 대영제국이 붕괴된 후에도 여전히 세계적인 대국이었던 시절에 대한 자랑을 버리지 못하고 있다. 영국인에게 있어 대영박물관은 지금도 세계를 대표하는 장소인 것이다. 한편 프랑스인은 파리가 중심이라고 생각하는 편파적인 애국심을 해학의 대상으로 삼고 있다.

폴란드인은 과거 동쪽으로는 러시아, 서쪽으로는 프러시아(Prussia)에게 위협을 당하던 역사가 있다. 폴란드인은 애국심이 과격한 방향으로 폭주하기 쉬워 정치와는 전혀 연관이 없는 주제라 하더라도 바로 국가 문제와 연관 지으려 하는 것이다. 독일인은 한쪽으로 위대한 사상가, 시인, 몽상가라는 면이 있지만, 그와 동시에 사소한 것에도 신경질적이고, 편협한 교수 근성을 가진 완벽주의자라는 인식이 있다. '코끼리'라는 말을 들은 것만으로도 책을 일곱 권이나 써야 직성이 풀리는 것이다. 오스트레일리아인은 옛 대오스트레일리아 제국에 깊은 애착을 갖고 있다. 빈에 있는 부르크 극장은 노스텔지어(Nostalgia)를 상징하는 존재인 것이다.

여러분도 한번 자신의 나라와 코끼리를 연관지어 코믹하고 멋들어진 이야기를 하나 창작해보는 건 어떨까? 힌트를 주자면 나는 일본인이 동물원에 가면 코끼리를 보는 것보다 먼저 사진을 찍으려 든다고 생각하지만….

코끼리를 둘러싼 이 웃긴 이야기들은 유럽 사람들의 어리석은 면과 슬기로운 면, 단점과 장점을 정확하게 나타내고 있다. 어느 나라 사람이든 완벽한 사람은 없다. 다 같은 사람이라는 것을 보여 주며, 배려심이 넘치는 자기풍자 유머를 통해 이 이야기를 읽는 사람들이 자국민과 타국민의 결점을 거부감 없이 받아들일 수 있게 만들어 준다.

국제관계에 있어서도 자국에 대해서만 변호하는 것은 결코 슬기로운 방식이 아니다. 주변국이 하는 비판을 솔직하게 받아들이고 함께 웃을 수 있다면, 주변국 또한 그 나라에 대해 더욱 잘 이해해주게 된다. 자기풍자는 전혀 하지 않고 자기변호만 하는 자세에 유머는 없다. 또한 그런 나라와는 친해지고 싶지도 않은 법이다.

자기풍자 유머를 익힌다면 이기주의나 자기부정에 빠지지 않고 객관적인 시선으로 자신의 장점과 단점을 공정하게 평가할 수 있게 된다. 이는 자기애착(Narcissism)이나 이기주의(Egoism)와는 달리 풍부한 자기애로 연결되는 길이라고 생각한다.

자신의 실패를 웃음으로 날리자

사실 나도 유머감각의 덕을 본 일이 꽤 많다. 나는 일본을 무척 좋아하지만, 40여 년 전 막 일본에 왔을 땐 매일매일이 무척 힘들었다. 왜냐하면 그 당시에는 일본어를 거의 몰랐기 때문이다. 알고 있던 일본어라고는 '사요나라'와 '후지야마'밖에 없었다. 심지어 '후지야마'는 잘못 알고 있던 지식으로, '후지산'이 올바른 단어란 것을 알았을 땐 정말 망치로 머리를 한 대 맞은 듯했다. 내가 알고 있던 일본어 중 50퍼센트가 전부 잘못된 지식이었으니까(허허허).

그 이후로는 '도전과 응전'의 정신을 발휘하여 열심히 일본어를 익혔다. 하지만 일본어가 무척 어려워서 금방 숙달하는 것은 불가능했다. 그 시절의 어느 날 일본 가정에 저녁식사 초대를 받았다. 나는 의사소통을 잘할 수 있을지 무척 걱정이 되어 일본어를 잘하는 미국인 친구에게 상담을 했다. 그러자 그는 내게 이런 조언을 해주었다.

"규칙은 세 가지야. 하나는 항상 웃을 것, 둘은 때때로 고개를 끄덕이는 것, 셋은 때때로 '그러네요.'라고 말하는 거야."

이거라면 쉬운 일이다. 나는 세 개의 규칙을 잘 암기하고 그 집으로 찾아갔다. 맛있는 음식을 잔뜩 대접받으며 웃고, 때로는 끄덕이고, 때로는 "그러네요."라고 말했다.

그 집의 부인은 무척 기뻐했지만, 사실 나는 아무것도 이해하지 못했다. 그리고 식사가 끝날 무렵 커다란 위기가 찾아왔다.

그 부인이 "차린 건 별로 없지만 맛있게 드셔주셔서 감사합니다."라고 말했을 때 나는 친구의 조언에 따라 빙긋 웃으며, "그러네요."라고 대답하고 말았다. 그때 부인의 그 깜짝 놀란 얼굴이란…. 그곳의 분위기로 뭔가 실수했다는 것은 알 수 있었지만, 어떤 실수를 한 건지는 알 수 없었다. 집으로 돌아와 사전을 열어보고 처음으로 '차린 건 별로 없지만'이라는 말의 의미를 알게 된 나는 스스로에게 무척이나 실망감을 느꼈다. 하지만 시간이 지난 후 문득 깨달은 것이 있다. 내가 아무리 열심히 공부하더라도 일본어를 완벽하게 마스터하는 것은 불가능하다는 것이다. 일본어로 말할 때마다 자신에게 실망하거나 괜히 위축되어 점점 아무 말도 하지 못하게 되면 스트레스가 쌓여 병이 생길 것이다.

그렇다면 차라리 자신이 겪은 부끄러운 체험을 웃음거리로 삼자고 생각하게 되었다. 그렇게 되니 이전보다 기분이 무척 편안해졌다. 나는 외국인 친구들에게 내 실패담을 이야기했다. 그러자 그런 실패를 겪은 것은 나만이 아니라는 것을 알 수 있었다. 많은 외국인 친구들이 이런 유머러스한 실패를 경험하고 있다는 것을 알게 된 것이다.

예를 들어, 동료 선생님 중 한 명이 백화점에 갔을 때 "마호오빈

(보온병) 하나 주세요."라고 말할 생각이었는데, "미보우진(미망인) 하나 주세요."라고 잘못 말했다고 한다(허허허).

이런 실수를 하게 된 배경에는 외국인이 일본어를 배울 때 알파벳순으로 된 사전으로 공부하기 때문이다. 마호우빈(보온병)도 미보우진(미망인)도 둘 다 M으로 시작하기 때문에 이런 문제가 발생하게 된 것이다.

또 다른 선생님은 긴자에서 버스를 타며 운전기사에게, "시부야에 도착하면 나를 내려주세요."라고 말할 생각이었는데 실수로, "시부야에 도착하면 나를 죽여주세요."라고 말했다고 한다.

다행히 버스 운전기사분이 그 선생님의 부탁을 들어주지 않은 덕분에 아직도 건강하게 살고 있다(허허허).

유머감각은 스트레스나 분노를 누그러뜨리고, 인간관계에서 윤활유가 되어준다. 그리고 마음의 굴레를 벗어던지고 그 사람의 인격이 한층 더 성장할 수 있게 해준다.

행복의 열쇠는 가까운 곳에

국경 너머로 시야를 넓히자

유머감각을 키우는 것은 우리가 행복해지는 데 중요한 열쇠라고 할 수 있다. 하지만 행복의 문을 여는 열쇠가 유머에만 있는 것은 아니다. 잘 살펴보면 우리 주변에 풍요로운 인생을 살기 위한 힌트가 가득하다. 내가 생각나는 대로 그 예를 적어보겠다.

인간은 누구나 국적을 갖고 있다. 자신의 의지와 관계없이 자국의 언어, 관습, 문화에 많은 영향을 받으며 살게 된다. 이러한 것들에 영향을 받아 시야가 좁아지지 않도록 주의해야 한다. 그렇지 않으면 틀에 박힌 사고방식을 갖게 될 가능성이 높기 때문이다. 항상 세계적인 관점으로 볼 수 있도록 노력해야 한다. 두려워할 필요는 없다. 타국의 문화와 접촉할 기회가 있다면 꼭 참여해서 자신의 시야를 넓히길 권한다.

하나의 예를 들어보면, 모국 독일에 돌아가 고등학생 시절의 친구들과 한자리에 모여 맥주를 마실 때의 이야기다. 많은 친구들 중 외국에서 생활하는 사람은 나밖에 없었다. 우선 그 사실에 놀랐다. 내 친구들은 모두 독일에서 살고, 당연한 얘기지만 독일어로 대화하며, 틀에 박힌 듯 모두 독일 신문만 읽고 있었다. 나는 일본에 있으면서 매일 세 개의 언어(일본어, 영어, 독일어)로 된 신문을 읽는다. 같은 주제의 기사라고 하더라도 일본, 미국, 영국, 독일 모두 각국의 입장에 따라 보는 시선이 달라 국제정세의 차이를 알 수 있다. 자국 내에서만 생활하는 친구들의 머릿속에는 독일 신문의 주장만 박혀 있는 것처럼 보였다. 나는 그들의 시야가 무척 좁다고 느꼈다. 더 넓은 시야를 갖고 풍요로운 인생을 살 수 있는 기회를 허비하고 있는 것으로 보였다. 즐거운 자리였기 때문에 논란의 씨앗이 될 만한 것은 아무것도 말하지 않았지만 말이다.

내가 다닌 대학원은 뉴욕에 있는 포덤대학교(Fordham University)였다. 미국 문화와 젊은 열기로 가득해 때로는 조잡하다는 생각이 들 때도 있었지만, 신선하고 역동적인 곳이었다. 그리고 무엇보다도 근사한 격려가 넘치는 곳이었다. 나는 포덤대학교에 있는 대학원을 다님과 동시에 콜롬비아대학교에서 중국 철학도 공부했다. 중국 5천 년의 지혜, 사상, 문화의 매력을 알고, "나는 열다섯 살에 학문에 뜻을 두었고, 서른 살에 독립했고, 마흔 살에 현혹되지 않았으며, 쉰 살에 하늘의 뜻을 알았고, 예순 살에 귀가 열려 있는 그대로 듣게 되었고, 일흔 살에 마음대로 해도 법도를 넘어서지지 않았다.(『논어』, 「위정 편」)"라는 논어의 명언과 만나 감격했다. 훗날 내가 발표한 『중·노년의 위기와 도전』과 『제3의 인생』과도 일맥상통하는 말이다.

미래에 나는 일본 대학에서 교편을 잡을 예정이었기에 일본은 불교와 유교 같은 중국 문화의 영향을 강하게 받았다는 것을 의식해서 일본 문화의 원류를 알기 위해 중국 철학을 공부했던 것이다.

깊이 있는 일본 문화

한자에서 느낄 수 있는 깊은 맛에 일본 문화의 매력을 느꼈다. '인간(人間)', '만남(出會い)', '위험(危險)', '교육(敎育)' 그리고 '감사(有り難う)' 등 여러분은 너무나 당연한 단어들이라 아무런 감동을 느끼지 못할지도 모르겠다. 그렇지만 외국인인 나는 단어와 한자가

가진 의미와 어감을 즐기며 외웠다. 일본어는 의미가 매우 깊고 재미있는 언어다. 하루 종일 사전을 살펴봐도 질리지가 않는다.

우선 '인간(人間)', 사람은 혼자서는 살 수 없다. 그러니 사람과의 관계를 소중하게 여겨야 한다는 것을 의미한다. '만남(出會い)'은 '나가서(出) 만난다(會)'는 것이다. 즉, 자신만의 좁은 테두리에서 벗어나 마음을 열고 사람과 만난다는 의미이다. 간단해 보이면서도 무척 함축된 의미가 있는 말이라고 생각한다.

'위험(危險)'에도 숨겨진 의미가 있다. 첫 글자인 '위(危)'는 위험하다는 의미이지만, 뒤에 오는 '험(險)'은 찬스를 나타낸다. 예를 들면, 사별에 의한 위기는 괴로운 체험이지만, 동시에 새로운 도전이자 인간으로서의 인격을 성장시킬 수 있는 계기가 되기도 한다. '위기(危機)'라고 하면 안 좋은 의미밖에 없는 것으로 보이지만, 이 두 개의 글자 속에는 더욱 적극적이고 긍정적인 의미가 숨겨져 있다.

'교육(敎育)'도 근사한 단어라고 생각한다. 가르치고(敎), 기르다(育). 이는 가르치는 측에서 본 관점이지만, 동시에 나는 '자라다(育)'라고 생각하고 싶다. 즉, 가르치는 측도 교육을 통해 자신을 성장시키는 것이다. 선인들의 지식을 주입시키는 것만이 아니라 한 사람 한 사람의 잠재 능력을 이끌어내기 위한 공동 작업이 교육의 본래 모습이라는 것을 깨닫게 해준다.

'감사합니다(ありがとう)'는 '있기 어렵다(有り難う)'라는 뜻이다.

감사를 표하는 말이지만, 이 한자를 자세히 살펴보면 이는 결코 당연한 것이 아니라 있을 수 없는 드문 일에 대한 감사를 표하는 말이라는 것을 깨닫게 된다. 자신을 뛰어넘는 위대한 것들에 대한 표현을 담은 일본의 전통적인 단어라고 생각한다.

또한, 일본에는 미지의 세계를 추구하는 뜻의 '길(道)'이라는 말도 있다. 다도(茶道), 화도(華道), 검도(劍道), 서도(書道), 무사도(武士道) 등…. '길(道)'을 단순한 하나의 길로써 배우는 것이 아니라 일본의 정신적인 미지의 세계를 탐구하는 것으로 나도 내 삶의 방식 속에 녹아들게 만들고 싶은 생각이다.

일본 문화를 공부하며 또 한번 감격한 일이 있다. 바로 '미(美)'의 문화다. 영어, 독일어, 프랑스어의 어휘로는 제대로 표현할 수 없는 '미(美)'를 표현하는 말들이 일본어에는 아주 많다. 예를 들어, '고풍(古み)', '우아(雅)', '화려(派手)', '멋(素)' 등이다. 물론 영어에도 아름다움을 나타내는 개념은 많이 있다. 'Pretty', 'Cute', 'Stylish', 'Beautiful', 'Handsome', 'Lovely' 등. 그렇지만 일본어처럼 '미(美)'에 대한 폭넓고 깊은 의미를 갖고 있지는 않다.

일본인은 독특하고 섬세한 미의식을 갖고 있다고 생각한다. 좀 더 구체적으로 말하자면, 닛코 도조구(日光東照宮, 닛코시의 도쿠가와 사당)의 장식미를 '화려(派手)'하다고 표현하고, 교토 별궁의 간소한 '미(美)'에는 '우아(雅)'하다고 표현했듯이 일본인은 미의 감각을 구분하는 감성과 그 느낌을 정확하게 표현하는 말을 갖고 있다. 그렇지만 유럽인이나 미국인처럼 미를 구체적으로 구분하는 것에 익숙하지 않은 사람은 닛코 도조구, 교토 어디를 가도 똑같이 'Beautiful'이라고만 말한다. 일본인처럼 '미(美)'에 대한 표현의 차이를 파악하지 못하는 사람들이 많다.

나는 일본어 공부와 함께 일본 문화를 접하게 되면서 시야가 깊고 넓어지는 것을 느꼈다. 이전까지는 몰랐던 '화려', '우아', '고풍'의 차이를 조금씩 이해할 수 있게 되었다. 일본인은 선조들이 오랜 세월에 걸쳐 확립하고, 현대에 이르기까지 소중하게 전달해온 미(美)의 개념을 자랑스럽게 생각해도 될 것이다.

언어의 다채로움을 재인식하다

한편, 일본어가 세계에서 가장 어려운 언어라고 통감했던 것도 사실이다. 나는 비교적 어학 습득에는 자신이 있다. 그렇지만 일본어는 동음이의어가 너무 많아 두 손을 든 적도 있다. 그리고 무엇보다 주어가 없어도 문장이 성립한다는 것이 가장 힘들었다. 독일어, 영어, 프랑스어, 네덜란드어, 라틴어, 그리스어 등 유럽 각국의 언어는 모두 그리스 아리스토텔레스 논리학의 영향을 받아서 주어가 없는 문장은 거의 쓰지 않는다.

　초등학교 작문시간에 선생님께서 해주신 지적은 빨간 볼펜으로 '논리적으로 쓰세요.'라고 적힌 경우가 많았다. 하지만 일본어에서는 주어가 없는 경우가 자주 있다. 예를 들어, 히로시마의 평화공원에 있는 위령비에는 '편히 잠드소서. 잘못은 반복되지 않을 것입니다.'라는 말이 적혀 있다. 이 문구를 처음 봤을 때 나는 가만히 서서 한참 생각했다. 잘못이란 도대체 누구의 잘못을 말하는 걸까. 미국만이 아니라 인류 전체가 또다시 핵무기를 쓸 일은 없을 거라고 말하고 싶었던 걸까? 아니면, 결과적으로 원폭을 불러온 진주만 공습 이후 전쟁이 그들 자신의 잘못이라는 것을 인정하고 그런 일을 다시는 하지 않겠다는 의미였던 걸까. 나는 무엇이든 깊게 고찰하는 버릇이 있어서 주어가 없는 애매한 일본어와 만나게 되면 쓸데없이 깊은 생각을 하게 된다.

　언제였는지 정확한 시기는 기억이 나지 않지만, 러시아인 친구와 둘이서 일본 문학에 대해 토론을 한 적이 있다. 그 친구는 가와바타 야스나리(川端康成)를 강하게 비판했다. 러시아의 톨스토이나 도스토옙스키와 비교하면 주제의 깊이나 논리적인 전개가 없는 것이나 다름없다고 말했다. 나도 톨스토이와 도스토옙스키는 좋아한다. 선과 악, 신과 인간성 등 다양한 문제들을 제기하는 것도 사실이다. 그렇지만 나는 가와바타 야스나리의 문학도 똑같이 좋아한다. 동서고금에서 명작으로 남은 문학 작품에는 다양한 장르가 존재한다. 가와바타 야스나리의 작품은 인간에 대한 깊은 통찰에 뿌리를 둔 독자적인 '미(美)'의 세계를 추구한다. 세계적으로도 그의 작품은 노벨상을 받을 정도로 다채로운 특징을 갖고 있다. 러시아 친구가 일본어에 대한 이해가 부족하다는 의미는 아니지만, 생략과 은유가 많은 가와바타 문학 작품 특유의 일본어를 그가 이해하기에는 너무 어려웠던 것 같다. 이는 타국어로 번역하면 원문의 숨겨진 '미(美)'를 전달하기 어려워진다는 점과도 관련이 있을 것 같다.

자국의 문학을 모든 문학의 기준으로 삼는 것은 커다란 잘못이라고 생각한다. 자신만의 정체성을 확립하고, 열린 마음으로 타국의 문화를 이해하는 태도가 중요하다. 내 경우는 모친에게 이어받은 독일 문화와 가치관, 일본에서 익힌 문화가 가진 장점들을 융합하고 활용하게 되면서 타국의 문화가 가진 멋진 면도 볼 수 있게 되었다.

여러분도 열린 마음으로 타국의 문화를 접하여 시야를 넓히는 것에 도전해보는 것이 어떻겠는가? 이는 나이와 관계없이 생각났을 때부터 시작할 수 있고, 이를 통해 일본 문화가 가진 독특한 '미(美)'를 재확인하는 즐거움도 느낄 수 있다. 새로운 노후의 이미지가 조금은 선명해지지 않았는가?

조건 없는 사랑을 더!

이어서 또 하나의 힌트로, '조건 없는 사랑'에 대해 생각해보자. 인도는 카스트 제도에 따른 차별이 무척 심하다. 콜카타(Kolkata) 거리에서는 버림받은 채 누구의 도움도 받지 못하고 무기력하게 죽음을 기다리는 사람들을 볼 수 있다. 마더 테레사는 그녀의 협력자들과 함께 힘을 합쳐 지은 호스피스로 그런 사람들을 데려갔다. 종교나 인종의 구분 없이 말이다. 그러고는 그들이 사람다운 죽음을 맞이할 수 있도록 계속해서 곁을 지키며 간호했다.

십 몇 년 전에 마더 테레사 곁에서 며칠 동안 일을 했던 적이 있었다. 피골이 상접한 환자들은 몸을 씻은 지도 오래되어 보였다. 마지막으로 씻은 것이 몇 달 전이었을지도 모를 정도다. 그렇다 보니 그들의 몸은 무척 불결하고 심한 악취가 풍겼다. 나도 첫날에는 그 악취가 계속 코끝에 남아 점심도 제대로 못 먹을 정도였다.

하지만 마더 테레사는 이렇게 말했다.

"이들을 있는 그대로 받아들이는 것. 예컨대, 조건 없는 사랑이야말로 우리에게 있어서 가장 소중한 것입니다."

마더 테레사의 그러한 행동은 많은 젊은이들의 마음을 사로잡았다. 매년 그녀의 모습에 이끌린 1,500명 이상의 자원봉사자들이 전 세계에서 모여들어 활발히 활동했다.

하지만 우리 주위를 둘러보면 현대의 인간관계는 '조건 있는 사랑'이 많다고 느껴진다. 이를 나타내는 슬픈 일화가 있다. 어떤 학생에 대한 이야기다.

어떤 아버지에게는 성적이 우수한 아들이 하나 있었다. 그래서 아버지는 아이가 어릴 때부터 동경대학교에 들어가는 것을 무척 기대하고 있었다. 아이는 아쉽게도 동경대학교에는 들어가지 못했지만, 그래도 우수한 사립대학에 진학해 행복한 대학생활을 보내고 있었다. 하지만 아이의 아버지는 전혀 행복하지 않았다. 아들이 동경대학교에 합격하는 것을 무척 기대하고 있었기 때문이다.

"나는 네가 꼭 동경대학교에 입학하길 바랐었다."

거의 매일 밤마다 아버지에게 그런 말을 들은 아들은 자책감이 무척 심해졌다. 정신적인 괴로움을 더 이상 참지 못한 아들은 결국 자살로 생을 마감했다. 어머니는 아들의 죽음을 슬퍼하며 탄식했다. 소중한 아들을 죽게 만든 사람과는 더 이상 같이 살지 못하겠다는 생각이 든 어머니는 결국 남편과 이혼했다. 비참한 예지만 '조건 있는 사랑'의 전형적인 사례다. 동경대학교에 합격했다면 아들을 받아들일 수 있지만, 불합격했다고 받아들일 수 없는 아버지의 이 사랑은 결코 '조건 없는 사랑'이 아니었던 것이다. 아들은 그런 상황을 계속 참고 버틸 수가 없었다.

아들을 향한 부모의 사랑은 원래 '조건 없는 사랑'의 형태이어야 한다. 하지만 머리로는 알고 있어도 막상 부모가 되면 무심코 아이에게 "이걸 해라, 저걸 해라." 하면서 계속 참견을 하게 된다. 아이를 위해서라는 말을 핑계로 가만히 지켜보지 못하고, 사실은 자신의 바람을 아이에게 강요하며 아이의 자립을 방해하는 부모가 많다. 이러한 부모는 아이에게서 자립하지 못하고, 아이에 대한 의존심을 애정으로 착각해서 그 의존이 애정이라고 믿어버리게 된다.

요즘에는 부부간의 애정도 조건이 붙는 경우가 많다. 최근 들어 이혼율이 높아진 원인에는 서로를 '조건 있는 사랑'으로 속박하려고 하는 것도 하나의 요인인 것 같다. 상대방을 항상 있는 그대로 받아들이는 것이 아니라 "이랬으면 좋겠다.", "그건 안 된다."며 여러 조건들을 만족해야만 사랑할 수 있는 불행한 사람들이 많다. 우리도 가정이나 직장에서 자신의 태도가 '조건 있는 사랑'이 아닌지 다시 한 번 생각해볼 필요가 있다.

사랑하기에 싸운다

옛날 사람들은 자신이 태어난 고향을 벗어나지 않고 죽을 때까지 그 마을 사람들과 함께 평온한 일생을 보내왔다. 하지만 현대사회에서는 많은 사람들이 자신이 태어난 고향에서 벗어나 떠돌이 생활을 하며 익숙하지도 않은 곳에서 인생의 대부분을 보낸다. 그렇지만 인간에게는 역시 고향이 필요하다. 지리적 의미의 고향이 없는 사람이라면 더욱 그렇다. 지리적인 의미의 고향은 없더라도 정신적 의미의 고향이 필요하다. 마음의 안식을 찾을 수 있는 장소인 것이다.

나도 인생의 대부분을 지리적 의미의 고향에서 멀리 떨어진 곳에서 보냈다. 남은 인생도 이 '외국'에서 보낼 작정이다. 나는 정신적 제2의 고향을 갖고 있다. 그건 바로 내 친구들이다. 우정이라는 이름의 정신적인 고향에는 지리적 고향에서는 찾아볼 수 없는 큰 이점이 있다. 그건 바로 친구를 자유롭게 선택할 수 있다는 점이다. 자신이 태어난 땅만 고향이라고 부를 수 있는 사람에게는 선택의 여지가 없다. 그리고 누구나 다 그러한 고향에 안식을 느낄 수 있다고는 볼 수 없다.

고향을 떠나 일생을 방랑자로 보낸 릴케는 자신의 가정을 시적인 말로 아름답게 표현했다.

"만약 내게 고향이란 것이 있다면, 고향은 이곳저곳에 퍼져 있는 친구들의 마음속에 존재한다."

우리는 모두 여행자이며, 저마다 자신의 길을 걸어가고 있다. 하지만 마음속 어딘가에는 언젠가 친구의 곁으로 돌아가 아담한 고향의 온기를 느끼는 날을 기대하고 있지 않을까. 그 길은 멀고 괴로운 길일지도 모르겠지만, 좋은 벗과 함께 가는 길이라면 먼 길도 짧게 느껴진다는 말처럼 친구와 함께 한다면 즐겁게 걸어갈 수 있을 것이다. 자신의 인생을 되돌아보고 가장 좋은 날이 언제였는지 떠올리게 된다면, 아마 대부분의 사람들이 친구와 함께한 즐거웠던 추억과 관련이 있을 것이다.

우정과 애정에 관련해서 종종 듣게 되는 오해 중에 이런 것이 있다. 애정으로 맺어진 두 사람의 사이는 항상 마음이 완벽하게 일치해야 한다는 사고방식이다. 하지만 사실 진정한 우정을 맺기 위해서는 정신적인 갈등이 반드시 수반된다. 소중한 우정을 갖기 위한 중요한 단계로서 도전이 있다. 만약 상대방이 말하는 것을 전부 따르기만 하는 사이라면 언젠가는 독립적인 자신의 인격마저 상실하고 어느새 상대방이 시시하게 생각하는 존재로 변해 있을 것이다. 서로에게 유익한 비평을 해주는 것을 게을리하는 부부라면 겉보기에만 좋은 금실과 점점 하품이 나오는 권태로 가득한 부부생활을 보내게 될 것이다.

만약 분별력이 있는 친구라면 괴로운 일이라 하더라도 자신의 생각을 상대방에게 솔직하게 말할 용기가 있을 것이다. 이러한 도전이야말로 우정을 더욱 키우는 밑거름이 된다. 정신적인 갈등은 우정과 애정에 항상 따라오는 향신료와 같은 존재다. 이러한 향신료를 곁들임으로써 인간관계를 따분하거나 지루하지 않게 해준다.

물론 이러한 갈등은 항상 상대에 대한 존경심과 애정에 근원을 둔 것이어야 한다. 또한 상황을 보며 적절한 시기에 표현하는 것이 중요하다. 자신의 기분이 좋지 않거나 짜증이 난 상태라면 절대로 해서는 안 된다. 냉정하고 차분할 때 상대방에게 상처를 주지 않도록 조심하며 객관적이고 공평한 비판을 해야 한다. 친구 간의 갈등은 잠들어 있는 상대방의 능력을 깨우치게 해준다. 따라서 친구 간의 갈등은 새로운 인간성을 도출하는 것으로 그 도전 혹은 갈등이 주는 소중한 안내자 역할을 한다고 말해도 좋을 것이다.

　우리의 일생은 항상 지금보다 발전된 자기실현을 추구하는 끊임없는 발전의 과정이다. 이상적인 자신의 모습에 다가가기 위해서는 과거의 자기(自己)와 결별하고, 새로운 자기(自己)를 탄생시키는 과정을 몇 번이고 지속적으로 반복해야 한다. 고뇌 속에서 불안전하고 낡은 자기(自己)가 죽고, 새로운 자기(自己)가 태어나는, 그를 위한 특별한 장소를 제공해주는 것이 바로 우정이며, 그 길을 안내해주는 역할을 친구들이 맡아주는 것이다. 강한 철을 얻기 위해서는 작열하는 화로 속에 넣어 단련해야 하듯이, 진정한 우정 또한 서로를 사랑하기에 '다툼'이라는 불길 속에서 단련해야 한다. 친구를 상대로 싸울 용기가 없는 친구 사이라면, 그건 친구를 진심으로 좋아한다고 말할 수 없다. 진정한 우정은 이러한 용기 없이는 성립하지 않는다.

나와 같은 북독일 출신 실존철학자 칼 야스퍼스(Karl Jaspers)가 '사랑해서 싸운다.'라는 난폭한 말을 만든 것도 이해가 된다.

"애정으로 맺어진 사람들은 서로 다투어야만 한다. 이는 상대를 쓰러뜨리기 위함이 아니라 서로에게 새로운 도전을 주고, 그를 통해 더 높은 경지의 우정을 배양하기 위함이다."

이것이 바로 그가 말하고 싶었던 것이다.

거센 비난을 두려워해 상대방의 의견에 무조건 동의하며 어울리는 사이는 진정한 우정에서 비롯된 인격적으로 깊은 '나와 그대의 만남'을 체험할 수 없다. 이것을 체험하려면 자신에게 엄격해지는 태도도 필요하지만, 상대를 향한 엄격한 태도 또한 필요하다. 벗의 인격이 높아지면 높아질수록 우리 사이의 도전 또한 커지며, 서로 간의 인격적인 만남에서 오는 보람 또한 커지게 된다.

모든 '만남'에 감사를

과거를 뒤돌아보면서 일본에서 생활하게 된 점, 일본 문화를 통해 배운 점, 일본 사람 여럿과 만나게 된 점 등 정말로 감사한 마음이 크다.

"우리는 생각하면 생각할수록 많은 것을 받았다는 것을 깨닫게 됩니다. 이를 생각하며 항상 감사하는 마음을 가져야 합니다."

내가 결혼식 축사에서 자주 하는 말이다.

하지만 외동으로 태어나 어렸을 때부터 제대로 혼나 보지도 않고, 예쁨만 받으며 자란 학생은 무엇이든 전부 자기중심적으로 생각하는 경향이 있다. 이런 학생들은 누군가에게 무언가를 받아도 그것을 당연한 것으로 인식한다.

한때 장학금을 지급하는 일을 맡은 적이 있었다. 장학금을 신청한 학생이 과연 기준에 타당한지를 확인하는 일이었다. 그 일을 하면서 장학금을 받은 학생들 중 감사하다는 말 한마디도 하지 않은 학생이 있다는 사실에 무척 놀랐다. 그렇다고 해서 내가 그들에게 개인적으로 '감사하다'는 말을 듣고 싶다는 것은 아니다. 그렇지만 그런 학생들이 앞으로 결혼하게 되면 부인이 아무리 맛있는 음식을 만들어주더라도 "고마워."라는 말도 "오늘은 특히 맛있는 것 같아."라는 말조차도 하지 않을 것 같다는 생각이 들었다.

주제넘은 생각이지만 앞으로 그들의 부인이 될 사람은 정말 불쌍하다는 생각도 했다.

따뜻한 인간관계를 만들기 위해서는 '고맙습니다.'처럼 감사의 마음을 말로 표현하는 것이 무척 중요하다. 몇 년 전 재가방문간호 일을 하는 사람들을 위한 강연을 했었다. 강연을 끝내고 참가해준 사람들과 함께 식사를 하는 자리에서 가장 힘든 점이 무엇이냐고 질문을 던졌다. 내 개인적으로는 간호할 때 힘든 일이라든가 외출할 시간이 없다는 것 등을 말하지 않을까 생각하고 있었다. 하지만 돌아온 대답은 예상과 달랐다. 많은 사람들이 눈물을 흘리며 이렇게 대답했다.

"전 벌써 몇 년째 시어머니를 모시고 있어요. 하지만 한 번도 '고맙다'는 말을 들은 적이 없어요. 그게 가장 힘들어요."

아마도 시어머니들은 며느리가 자신을 돌보는 것이 당연한 일이라고 생각하기 때문일 것이다. 하지만 며느리와 시어머니의 관계이기 이전에 같은 인간으로서 상대방에게 감사의 마음을 가지며 '고맙구나.'라고 말해주는 것이 중요하지 않을까.

독일어로 'Denken'은 생각하다. 'Danke'는 감사하다는 뜻이다. 영어로도 'to think(생각하다)'와 'to thank(감사하다)'는 무척 많이 닮았다. 이는 결코 우연한 현상이 아니라고 생각한다.

우리는 자신의 의지로 이 세상에 태어난 것이 아니다. 지금 여기에서 여러분과 내가 만난 것도 인위적인 힘을 뛰어넘은 위대한 힘에 의해 만나게 된 것이라고 말해도 과언이 아니다. 이런 것들을 생각하면 우리에게 생명을 준 위대한 존재에 대한 감사의 마음이 자연스럽게 우러나오며, 주위 사람들에게도 자연스럽게 고맙다고 말할 수 있지 않을까.

그래서 Denken과 Danke, to think와 to thank처럼 생각하다

와 감사하다는 말이 매우 닮은 단어로 사용되고 있는 것이 아닐까 싶다.

"고맙습니다."

이 짧은 한 마디에 상대가 얼마나 위안을 받고, 잘 살아야겠다는 의욕이 샘솟게 되는지…. 상상도 할 수 없을 정도다. 주변의 사소한 일에도 감사하다는 말을 전하는 습관을 기르도록 하자. 나는 이 습관이 우리 사회를 따뜻함으로 가득 채우는 묘약이 될 것이라고 생각한다.

에필로그

새로운 출발을 향하여

인간의 일생은 여행의 연속이라고 볼 수 있다. 오늘의 만남에는 내일의 이별이 함께 한다. 똑같아 보이더라도 오늘이라는 날은 두 번 다시 돌아오지 않는다. 올 봄 죠치대학에서 정년퇴직을 맞이한 나에게 앞으로 '제3의 인생'이 시작된다. 여러분처럼 나도 남겨진 시간 하루하루를 모두 '카이로스'로 여기며 살아가려 다짐하고 있다.

'죽음준비교육'의 보급을 목표로 한 30년

내가 일본에서 '죽음준비교육'의 필요성을 역설하기 시작한 지

벌써 25년을 훌쩍 뛰어넘는 세월이 흘렀다. 이 세월 동안 정말 다양한 일들이 있었다. 기뻤던 일은 1991년 '최초로 일본에 생사학이란 개념을 정착시켰다.'는 업적으로 기구치칸상(菊池寬賞)을 수상했던 일과 1998년 '죽음준비교육'을 보급한 공적으로 모국 독일에서 공로십자훈장을 수여받은 것을 들 수 있다. 물론 이러한 영예는 나 개인의 힘만으로 이루어진 것이 아니라 나를 지지해주고 함께 해주신 분들 덕분에 얻은 것이다.

1970년대 초반 미국에서 대학원을 다니던 시절, 나는 전미생사학회(全美死生學會)의 멤버가 되었다. 그때부터 지금까지 생사학의 실천 단계로서 '죽음준비교육'을 어떻게 하면 좋을지에 대해 연구하고 있다. '죽음준비교육'은 말 그대로 '보다 잘 살기 위한 교육(Life education)'이다. 죽음에 대해 생각하면 생각할수록 내게 남겨진 시간은 한정되어 있다는 것을 인식하게 된다. 시간의 소중함을 의식하면 그것이 '현재를 소중하게 여기며 열심히 사는 것'을 생각하는 '생명의 교육'으로 이어지는 것이다.

다음으로 나의 전기가 된 것은 1986년 메디컬 프렌드사(Medical Friend Inc.)에서 나에게 『죽음준비교육(전 3권)』의 편집자를 맡아달라는 부탁을 해왔을 때다. 내용은 이 책의 제3장에서 다룬 내용의 원안에 가까운 것이었다. 인간으로서의 존엄을 잃지 않고 죽음과 보다 편안하게 직면하기 위해서는 역시 마음의 준비가 필요하다. 그래서 타이틀을 『죽음준비교육』으로 정했다.

내가 일본에 왔던 당시 일본은 '죽음'을 터부시하고 있었다. 앞에서 했던 말이지만, 1975년 죠치대학에서 '죽음의 철학'을 가르치고 싶다고 생각했을 당시에도 많은 동료 교수들이 그런 수업을 학생들이 수강할 리가 없다고, 좀 더 일본에 대해 공부하는 편이 좋겠다며 나를 말렸다. 평생의 과제로 '죽음의 철학' 강의에 몰두하려고 해도 미국에서처럼 격려의 말을 듣기는커녕 많은 비판에 시달리며 고독한 길을 걸어가야 했다. 또한 그 당시 거의 대부분의 일본 병원은 환자가 암에 걸려도 솔직하게 암을 선고하지 않았다. 나는 환자에게 있어서 그런 일은 무척 불행한 일이라고 생각했다. 더 이상 치유될 가망이 없다는 것도 모르고, 헛된 희망을 안고 퇴원할 날을 기다리게 만드는 것은 가혹한 일이 아닌가.

인간다운 죽음을 맞이하기 위해서는 괴롭더라도 진실을 아는 것이 바람직하다고 생각했다. 그래야만 환자가 자신의 남은 시간을 창조적으로 사용할 수 있다고 생각했기 때문이다. 그런 의미에서 나는 '죽음준비교육'의 큰 테마로 '암 선고'와 '말기 환자를 대하는 올바른 커뮤니케이션'을 강조했다. 의사는 환자와 커뮤니케이션을 할 때 진실을 토대로 하는 것을 훨씬 더 중요하게 여겨야 한다. 나는 십수 년 전부터 후생성(厚生省, 보건복지부에 해당)에서 '말기의료에 관한 올바른 케어법 검토회'의 위원과 '동경시 임종간호 검토

위원회'의 위원으로 다양한 역할을 맡아왔다.

그 당시 어떤 전문가에게 이런 말을 들었다.

"대학병원에서도 제대로 된 통증완화가 이루어지고 있는 곳은 48퍼센트밖에 되지 않습니다."

"병증에 맞게 모르핀을 투여하면 고통을 상당히 완화할 수 있지만 의사가 관심이 없다. 지식이 없다. 따라서 그런 처방을 사용하지 않는다."

이런 악순환에 빠져 있었다고 한다. 이 말이 사실이라면 환자가 너무 안타깝다. 보다 나은 통증완화는 호스피스 운동에 있어서 커다란 과제이기도 하다. 일본의 호스피스 운동을 보다 발전시키기 위해서라도 '죽음준비교육'은 중요한 토대다. 교육이 제대로 이루어지지 않았다면 환자는 호스피스가 가진 진정한 의미를 이해할 수 없게 된다. 아무리 제대로 된 호스피스 시설을 만들어도 케어 팀의 방침이 확립되어 있지 않다면 따뜻한 케어는 바랄 수 없을 것이다.

호스피스는 전인적(全人的)인 케어를 목표로 한다. 육체적인 면의 연명치료만이 아니라 심리적, 사회적, 문화적인 면까지 포함하여 종합적으로 연명치료를 하는 것이 호스피스의 중요한 목적이다. 1986년 이후, 간호대학과 병원, 많은 시민 그룹들 사이에서 '죽음준비교육'에 대한 관심이 높아졌다. 그 결과 내게 강연 의뢰가 쇄도했다. 간호사가 제일 먼저 관심을 보였다. 다음은 일반 시민들이다. 병원에서 가족의 죽음을 체험한 유족들 사이에서 사별과 비탄에 대한 관심이 높아지기 시작했다고 생각한다. 세 번째가 의사다. 매스 미디어가 세계의 호스피스 운동에 관심을 나타낸 결과, 일본 병원의 실태에 대한 불안과 의문이 커졌기 때문이라고 생각한다. 네 번째가 교육자다. 특히 중·고교 선생님들 사이에서 '삶과 죽음의 교육'에 대한 관심이 매우 높았다.

1993년에 내가 NHK의 '인간대학'에서 〈죽음과 어떻게 직면할 것인가〉를 주제로 12회나 강좌를 담당했던 것도 '죽음준비교육'의 보급에 도움이 되었다고 생각한다. 강좌에 대한 큰 호응이 이어져서 내가 강연한 내용이 책이나 비디오로 제작되었고, 얼마 전에는 CD도 발간되었다. '죽음준비교육'에 대한 사람들의 관심을 높이는 데 비디오의 영향력이 무척 컸다고 생각한다.

'도쿄 삶과 죽음을 생각하는 모임'의 활동

1982년 가을, 나는 일본 최초로 죠치대학 강당에서 '삶과 죽음을 생각하는 세미나'를 개최했다. 매주 강사를 바꿔가며 월요일 밤에 한 번씩, 5번 연속으로 하는 강연회였다. 사람들이 얼마나 모일까 하는 나의 우려를 깨고 매회 800석에 달하는 강당 좌석이 거의 꽉 차는 대성황을 이루었다. 이 세미나를 계기로 각지에서 자발적으로 '삶과 죽음을 생각하는 모임'이 탄생했다. 내 취지에 동의하는 사람들이 모여 만든 이 모임은 20여 년에 걸쳐 북쪽 홋카이도에서 남쪽 오키나와까지 전국 47개 지역으로 퍼져나갔다. 총 회원수는 5천 명을 넘는다. 1994년부터는 '삶과 죽음을 생각하는 모임 전국협의회'가 결성되었고, 추대를 받아 내가 초대 회장이 되었다. 2003년 3월에 나는 명예회장이 되었고, '효고시 삶과 죽음을 생각하는 모임'의 회장인 다카키 요시코(高木慶子) 에이치대학(英知大學) 교수를 회장으로 뽑아 지역에 근거한 '삶과 죽음을 생각하는' 활동을 전개하고 있다. 도쿄에서는 1999년에 나를 회장으로 하는 봉사활동 단체 '도쿄 삶과 죽음을 생각하는 모임'을 발족했다. 이 모임의 목표는 아래와 같다.

① '죽음준비교육'의 보급·촉진을 목표로 한다.
② 말기 의료의 개선과 확충, 호스피스 운동의 발전에 힘쓴다.
③ 사별 체험자들이 모일 수 있는 자리를 마련하여 회복할 수 있도록 돕는다.

이러한 목표는 1982년 '삶과 죽음을 생각하는 세미나'를 개최했던 때와 조금도 바뀌지 않았다. 이 모임은 죽음을 생각하는 것으로 현재를 보다 잘 살아가기 위한 사람들의 모임이다. 회장인 나를 비롯한 모두가 연 1회 세미나를 열고, 매월 정기회의, '죽음준비교육' 연구 등 활발하게 활동하고 있다.

특별히 말하고 싶은 점은 '교토 삶과 죽음을 생각하는 모임'에는 사별자 유형을 분류하여 세 개의 모임을 갖고 있다는 점이다.

- 코스모스회 : 반려자나 친인척과 사별한 사람들의 그룹
- 제비꽃회 : 자녀와 사별한 사람들의 그룹
- 물망초회 : 자살로 가족과 사별한 사람들의 그룹

나는 가능한 한 자살이라는 말 대신 자사(自死)라는 말을 쓰려 하고 있다. 최근에는 자사로 인해 가족을 잃는 케이스가 늘어나고 있다. 자사로 가족을 잃은 유족과 병으로 가족을 잃은 유족들이 동석하면 서로 말이 통하지 않는 경우가 생겨난다. 그래서 우리는 세 개의 그룹으로 나누었다. 각 그룹은 매월 1회 죠치대학 교내에 모여 서로의 체험에 대해 이야기한다.

독일에는 "기쁜 일은 나누면 두 배, 괴로운 일은 나누면 반"이라는 유명한 말이 있다. 어떤 상황이든 사별은 괴로운 체험이지만, 같은 경험을 한 사람들끼리 이야기를 나눌 수 있는 장소가 있다면 정말로 반으로 줄진 않더라도 조금은 편해질 것이라고 생각한다. 말

을 한다는 행위는 자신의 기분을 정리하고 객관적으로 자신을 볼 수 있는 계기가 되는 경우가 많다고 한다. 또한 괴로운 것은 나만이 아니라는 것을 깨닫고 다시 발걸음을 내딛게 되는 계기가 된다는 말도 자주 들었다.

나는 모든 사람들이 사람답게 죽음을 맞이하고, 그것이 당연한 것이라고 생각하는 사회를 만들고 싶다. 그런 사회를 만드는 데 미력하게나마 도움이 된다면 그보다 더 기쁜 일은 없을 것이다. 앞으로도 같은 생각을 가진 사람들과 함께 손에 손을 맞잡고 다음 세대에도 이 활동을 전했으면 한다.

아브라함의 여행처럼

일본에서 3월은 헤어짐의 계절이다. 우리는 어린 시절부터 졸업, 진학, 이사 등 다양한 이별을 경험한다. 삶과 죽음이 분리될 수 없듯이 만남의 기쁨에는 이별의 슬픔이 그림자처럼 따라온다. 인간의 일생은 여행의 연속이라고 볼 수 있다. 오늘의 만남에는 내일의 이별이 함께한다. 똑같아 보여도 오늘이라는 날은 다시 돌아오지 않는다. 그야말로 매 순간을 '카이로스'로 살아가야 함을 최근 들어 더욱 절실하게 느끼고 있다.

2003년 봄은 내게 있어서 무척 커다란 헤어짐의 계절이었다. 1월 말에 있었던 최종 강의를 끝으로 30여 년에 걸친 죠치대학 교수생활에 종지부를 찍었다. 지금까지는 학생들의 새 출발을 축하하는 기분으로 매년 졸업식을 맞이했었다. 하지만 올해는 나 자신이 새로운 출발을 시작하는, 제3의 인생을 향해 첫 발걸음을 내딛는 기회를 얻게 된 것이다.

원래 영어로 'Commencement(졸업)'는 학업이 끝난다는 의미보다는 시작이라는 의미로 받아들이는 편이 올바르다고 생각한다. 『구약성서』 창세기 12장 1절부터 시작되는 '아브람의 사명과 옮겨감'은 언제 읽어도 마음이 설렌다.

"너는 너의 고향과 친척과 아버지의 집을 떠나 내가 네게 보여줄 땅으로 가라."

아브람은 하나님의 말씀에 따라 여행을 떠난다. 그는 당시 유목민의 주요 재산인 광대한 토지를 버리고, 친숙한 고향 하란을 떠났다. 아브람(후에 하나님과의 약속에 따라 아브라함 '사람들의 아버지'라고 불린다.)이 여행을 떠난 당시 그의 나이는 무려 75세라는 고령이었다.

인간은 늙으면 안정을 제일로 생각한다. 그래서 생활과 재산의 보전에만 눈을 두는 경향이 있다. 물론 이것이 나쁘다는 것은 아니다. 하지만 동시에 우리는 나이를 먹은 후에도 미래를 향한 자유로운 소망을 마음에 담아두어야 한다. 아브라함은 풍요로운 제3의 인생을 보내기 위해서 언제든지 새로운 여행을 떠나는 자세가 중요하다는 것을 알려준다.

내가 일본에서 지낸 40여 년의 세월은 매일매일 바쁜 일상에 쫓기며, 눈앞에 있는 것들을 좇는 데 필사적이었다. 물론 이런 생활로 인해 나 자신과 이 사회를 위한 나름대로의 결실이 있었다. 지금 나 자신을 여유롭게 되돌아볼 수 있는 '카이로스(시간)'가 다가온 것에 깊이 감사하고 있다. 70세부터 시작될 앞으로의 여행에 대해 지금 나는 아브라함처럼 기대와 희망에 가슴이 부풀어 있다.

우리 언젠가, 어딘가에서 다시 만납시다!

최종 강의에서 누이 수녀 아그네제와 함께 노래하는 나.

잘 살고 잘 웃고 좋은 죽음과 만나다

초판 1쇄 발행 2017년 11월 20일

지 은 이 알폰스 데켄
옮 긴 이 길태영
펴 낸 이 이규종
펴 낸 곳 예감출판사
등   록 제2015-000130호
주   소 경기도 고양시 일산동구 공릉천로 175번길 93-86
전   화 031) 962-8008
팩   스 031) 962-8889
홈페이지 www.elman.kr
전자우편 elman1985@hanmail.net

ISBN 979-11-957096-6-3 (13330)

값 12,000원

*이 책 내용의 일부 또는 전부를 재사용 하려면 반드시 저작권자와 예감출판사 양측의 동의를 얻어야 합니다.